오늘,
가족 독서를
시작합니다

13년 차
'읽는 가족'이
권하는
지속가능한
독서 로드맵

오늘,
가족 독서를
시작합니다

김정은·유형선 지음

Humanist

일러두기

• 이 책에 소개된 도서 정보의 표기는 국립중앙도서관 한국서지표준센터에 등록된 것을 따랐습니다.

• 도서별 권장 연령대는 독자의 읽기 수준을 고려하여 독서 지도에 참고할 것을 권합니다.

우리는 서로를 꿈꾸게 하는 가족입니다

매일 꿈을 꿉니다. 어제보다 오늘, 더 나은 내가 되는 꿈을요. 매일 조금씩 나아져서 생애 마지막 순간에 '아! 내 삶이 참 좋았구나!'라고 반추할 수 있기를 바랍니다. 함께 사는 이들을 대할 때도 마찬가지입니다. 어제보다 오늘, 우리 사이가 더 돈독하기를 바랍니다. 매일 조금씩 사이가 좋아져서 생애 마지막 날에 '아! 우리 사이가 정말 좋았지!'라고 회상할 수 있기를 바랍니다.

 이러한 꿈을 꾸게 된 계기가 있었습니다. 2011년, 우리 가족에게 큰 사건이 벌어졌습니다. 아내의 이른 퇴직과 남편의 파업, 그리고 어린 두 아이의 정서적 혼란이 바로 그것이었습니다. 가족에게 닥친 위기를 헤쳐나가기 위해, 먼저 서울 생활을 정리하고 경기도 파주로 이사했습니다. 일곱 살, 세 살이던 두 아이와 매일 도서관에 갔습니다. 그렇게 시작한 '가족 독서'를 지금껏 하고 있습니다. 더 나빠지지 않으려고 버티던 시간이 한 해 두 해 쌓이면서, 어느덧 가족이 함께 '꿈'을 꾸고 있다는 걸 알게 되었습니다. 가족 독서를 지속한 지 십 년이 넘어갈 무렵부터 부부가 서로에게 '가족 독서 운동가'라는 호칭을 붙여주었습니다. 이제 이 글을 읽는 여러분에게 함께 꿈을 꿔보자고 손 내밀 수 있기를 바랍니다.

요즘 어린이와 청소년, 청년에게 꿈이 있냐는 질문을 하지 말라고들 하지요. 열심히 노력해도 눈에 띄는 변화를 이뤄내기 어려운 시대에, 꿈까지 꾸라고 하는 건 부담을 주는 일이라고요. 별수 없이 꿈에 대해 이야기를 해야 할 때도 이들은 주로 미래 직업에 대한 답변을 내놓습니다. '꿈'이 삶을 유지하기 위한 수단으로 전락했기 때문입니다. 하지만 꿈을 직업이라는 단어로만 설명할 수는 없습니다.

꿈이란 갈망입니다. 그러므로 꿈을 품은 사람은 아직 이루지 않은 것을 추구하는 사람입니다. 꿈이 있는 사람은 미래를 선명하게 상상하면서 자신이 바라는 미래의 삶을 현재의 일상으로 끌어오기 위해 성실하게 준비합니다. 그림을 그리고 싶다면 먼저 낙서를 해야 합니다. 자신이 살아갈 미래를 그리고 싶다면 꿈 조각을 모아야 합니다. 꿈이란 삶의 어느 순간에 무언가가 되어 있는 결과가 아니라, 매일 조금씩 만들어가는 과정에 있습니다. 하루하루 일상을 가꿀 때 꿈이 자랍니다. 함께 사는 사람들이 서로가 꿈꿀 수 있게 돕는다면 꿈은 더욱 무럭무럭 자랄 것입니다.

《오늘, 가족 독서를 시작합니다》에 우리 가족의 꿈꾸는 일상을 담았습니다. 가족에게 닥친 위기의 순간에 나락으로 빠지지 않기 위해 매일 도서관에 발 도장을 찍으며 책이라는 꿈 조각을 아끼고 모은 이야기입니다. 매일 무언가를 반복하는 것은 쉽지 않은 일입니다. 가족 구성원이 서로를, 때로는 앞에서 끌어주고 뒤에서 밀어주었기에 하루하루 이어올 수 있었습니다.

1부에는 '왜 가족 독서인가?'라는 질문에 대한 부부의 생각과, 가족 독서를 시작하고 지속하는 데 도움이 되는 내용을 담았습니다. 가족 독서는 가족 구성원이 스스로 진정한 공부를 할 수 있도록 돕습니다. 시험의 결과로 자기 삶의 우열을 가리는 것이 아니라, 스스로 원하는 모습으로 성장하기 위해 자신을 변화시키는 것이 진정한 공부입니다. 이를 통해 오늘날 교육 과정에 직접 참여하지 못한 채 학습의 결과물만 수용하던 가족 공동체는 교육 공동체로 되돌아갈 수 있습니다. 또한 가족 독서는 서로의 존재를 있는 그대로 바라보게 합니다. 가족 독서를 통해 각자의 고유한 모습대로 가족 구성원이 함께 성장하며 서로의 꿈을 나누는 경험을 누리게 됩니다.

2부에는 '가족 독서, 어떻게 읽을까?'에 대한 이야기를 담았습니다. 우리 가족이 세운 가족 독서의 목표는 가족 구성원 모두가 습관적 독자, 평생 독자가 되는 것입니다. 독서 습관을 들이기 위해 가족이 함께 매월 도서관 가는 날을 정하고, 주 단위와 일 단위로 책 읽는 시간을 정하는 것부터 시작해야 합니다. 어린 자녀에게 그림책을 읽어주고 옛이야기를 들려주세요. 읽는 것도 중요하지만 대화를 나누는 것이 더 중요합니다. 아이가 좋아하는 작가가 생기면 그 작가의 책을 모두 읽는 것도 좋습니다. 아이가 좋아하는 분야가 생기면 그 분야의 책을 폭넓게 즐기도록 도와주어야 합니다. 이러한 과정을 십여 년 반복하면 아이의 꿈이 어디로 향하는지 성장의 방향성을 감지할 수 있습니다. 아이의 영혼을 마주하며 양육자 역시 자신의 영혼을 마주할 수 있습니다. 서로의 영혼을 바라보며 자신의 영혼을 만나는 체험이 바로 가족 독서입니다.

3부에서는 '가족 독서, 무엇을 읽을까?'에 대한 이야기를 담았습니다. 문학 읽기로 자신을 이해하고 타인과 공감할 수 있는 능력을 키울 수 있습니다. 비문학 읽기는 적성과 흥미를 찾고 꿈을 향해 나아갈 수 있도록 돕습니다. 가족이 함께 읽으면 좋은 한국 어린이문학과 외국 어린이문학을 소개합니다. 비문학 읽기의 시작을 열어주는 사전과 도감 활용하기와 신문 읽기를 안내합니다. 개념어와 배경지식을 쌓도록 돕는 학습 만화, 온 가족이 함께 읽으면 좋은 지식·정보책을 소개합니다. 좋아하는 분야가 생겼을 때 시도해 볼 수 있는, 관심 분야를 깊게 읽는 방법까지 담았습니다.

많은 사람이 어제보다 나은 사람이 되기를 꿈꾼다면, 세상 역시 어제보다 살기 좋은 곳이 될 것입니다. 여기, 도서관의 책들과 함께 이 책에서 소개한 책들을 읽은 이들이 있습니다. 우리와 함께 당신도 꿈꾸게 되기를 바랍니다. 부부의 첫 책《가족에게 권하는 인문학》에 이어《오늘, 가족 독서를 시작합니다》의 출간을 제안해 주고, 초고를 꼼꼼하게 읽고 좋은 책이 되도록 다양한 의견을 전해준

휴머니스트 편집부에도 각별한 감사를 전합니다. 책을 읽고 글을 쓰는 삶을 열어준 '구본형 변화경영연구소'와 책 읽어주는 엄마들의 동아리 멤버들이 있었기에 책을 쓸 수 있었습니다. 부부에게 기후 행동가의 길을 열어준 '멸종반란가톨릭' 동지들에게도 감사를 전합니다. 부부를 어린이책의 세계로 안내하고 가족 독서를 이끌어준 두 아이 수민과 수린에게 존경과 사랑을 전합니다. 이 책을 읽을 당신과 가족 분들에게 미리 감사 인사를 드립니다.

2023년 가을 파주에서
김정은·유형선 드림

차례

2부　가족 독서 어떻게 읽을까?

3부 가족 독서 무엇을 읽을까?

1부

_____

가족 독서 로드맵

Chapter 1

왜
가족 독서인가?

올해로 13년째 가족 독서를 하고 있습니다. 그 사이 일곱 살이던 큰아이는 '읽는 고등학생'이 되었고, 세 살이던 작은아이는 '읽는 중학생'이 되었습니다. 책 좋아하는 아빠와 책 읽어주는 엄마는 함께 또는 따로 책을 읽으며 '읽는 사람'이 되었습니다.

13년 전, 직업병으로 직장을 그만둔 아내와 직장에서 오랜 기간 파업에 동참하느라 힘겨웠던 남편은 여유 시간이면 지역 도서관을 찾았습니다. 여름에는 시원하고 겨울에는 따뜻해서 좋은 곳, 무료로 책을 빌릴 수 있고 좋은 강연을 들을 수 있는 곳, 도서관은 우리 가족이 시간을 보내기 더없이 좋은 장소였습니다. 도서관에서 빌려온 책들을 집안 여기저기에 쌓아두고서 엄마는 유치원과 어린이집을 그만둔 두 아이에게 책을 읽어주었습니다. 저녁이면 하루치

일과를 마치고 돌아온 아빠도 함께 책을 읽어주었습니다. 온 가족이 거실에 둘러앉아 책을 읽고 각자가 살아가고자 하는 삶의 방향을 이야기하던 시간이 있었습니다.

지금 우리 가족은 13년 전과는 매우 달라졌습니다. 남편은 직장에서 새로이 자리를 잡았고, 아내는 글을 쓰고 번역을 하며, 부부가 함께 도서관에서 가족 독자들을 위한 독서 강연을 합니다. 큰아이는 기숙형 고등학교의 도서관에서 책을 읽고, 작은아이는 중학교 도서관에서 책을 빌려와 자기 방에서 읽습니다. 예전처럼 가족 구성원 모두가 거실에 모여 책을 읽는 건 아니지만 우리 가족의 중심에는 늘 책이 있습니다.

바로 지금, 가족 독서를 해야 할 때

。

사람의 영혼은 눈빛에서 드러납니다. 두 아이를 기르는 동안 아이들의 맑게 빛나는 눈을 들여다볼 때 자주 기쁨을 느끼곤 했습니다. 때로는 슬픔과 괴로움이 깃든 아이의 눈을 볼 때도 있었지만 다시 평온과 희망이 가득한 눈빛으로 돌아왔을 때, 참으로 기뻤습니다. 아이들의 눈빛을 가장 많이 볼 수 있는 때가 바로 아이들과 함께 책을 읽고 삶의 이야기를 나눌 때였습니다. 지난 13년간 가족 독서를 진행하면서 이러한 경험을 반복했습니다.

가족 독서는 가족 공동체를 교육 공동체로 되돌려 줍니다. 오늘날 한국 사회는 가족 공동체와 교육 공동체를 분리하고 있습니다. 아이들에게 지식을 가르치고 인격을 길러주는 일은 주로 학교와 사교육 현장에서 이루어지며, 가족 공동체는 교육의 과정에는 참여하지 못한 채 학습의 결과치만 수용하는 곳으로 바뀌고 있습니다. 대학 입학이라는 종착점을 향해 질주하는 시험 위주의 교육 제도에서 우리 아이들은 성적에만 목매게 되지요.

오직 결과만 중요하게 여기는 지금의 교육을 진정한 공부라고 할 수는 없습니다. 진정한 공부란 결과의 우열을 가리는 것이 아니라, 사유하고 판단하며 배움을 행동으로 연결하는 것입니다. 진정한 공부란 자신의 삶을 입학시험의 결과에 따라 평가하지 않고, 스스로 원하는 모습으로 성장하기 위해 기꺼이 자신을 변화시키는 것입니다.

가족 독서는 가족 구성원들이 서로의 존재를 있는 그대로 바라보게 합니다. 물론 학교 성적을 염두에 두고 가족 독서를 시작할 수도 있습니다. 그러나 가족 독서를 지속할수록 진정한 공부가 숨 쉬는 가족 공동체를 경험하고, 어느새 일상과 공부가 하나로 연결되어 단단하게 성장하는 서로의 모습을 발견하게 될 것입니다. 아이에게 책을 읽어주고 함께 책 이야기를 나누는 일에는 시간과 정성이 필요합니다. 가족 독서야말로 가족 구성원이 서로에게 정성을 들이는 일이자 마음을 쏟는 일입니다. 가족이 책을 읽는 시간은 가족 구성원의 마음이 서로에게 전달되는 소중한 시간입니다.

아이가 독서에 관심을 가지게 하려면 부모가 책을 읽는 모습을 보여주는 것이 가장 중요합니다. 부모가 먼저 책을 가까이하는 일상을 살아가면 아이 역시 책 읽는 습관을 자연스럽게 형성합니다. 효율성을 앞세운 독서, 반드시 무언가를 얻어야 한다는 목적의식에 사로잡힌 독서는 책을 향한 아이의 관심을 꺾습니다. 아이가 원하는 책을 스스로 골라 읽게 해야 합니다. 어린 자녀가 좋은 어린이책을 통해 삶에서 중요한 가치들을 배울 때, 부모도 어린 자녀의 변화를 보며 배우고 성장할 수 있습니다.

온전한 인격체로서 가져야 할 가장 중요한 덕목은 무엇일까요? 자신의 내면을 성찰해서 명료하게 밝힐 수 있고, 다른 이의 생각을 귀기울여 듣고 정리할 수 있으며, 서로의 경계와 차이를 존중하면서 협의를 통해 공동체의 일원으로 살아가는 능력입니다. 이러한 덕목은 어린이책에서 잘 배울 수 있습니다. 온 가족이 어린이책을 읽으며 가족 공동체가 교육 공동체로 변화하는 기쁨을 누려보시길 바랍니다.

가족이 함께하는 시간에 지역 도서관을 방문하면서 자연스럽게 가족 독서를 시작할 수 있습니다. 도서관에서 책을 빌려와 거실 바닥에 쌓아두고서, 온 가족이 뒹굴며 책 읽는 시간을 가져보세요. 양육자가 읽은 책을 아이들에게 소개하고, 아이들이 읽은 책을 양육자가 따라 읽으며 대화를 나눠보세요. 가족 구성원 모두가 성장하는 계기가 될 것입니다. 바로 지금 가족 독서를 시작해 보시길 권합니다.

가족 독서를 하면 좋은 점들

。

가족의 문화를 만들 수 있습니다.

아이들이 초등 저학년일 때까지 책을 읽어주었습니다. 주로 그림책을 읽어주고 옛이야기를 들려주었습니다. 초등 중학년부터는 매일 저녁 식사 후 잠자리에 들기 전, 시간을 정해 한 시간 동안 각자 또는 함께 책을 읽었습니다. 아이들은 다양한 분야의 책을 접하며 자연스레 만화책 읽기에 몰두하게 되었습니다. 생애 최초로 자발적인 독서를 하는 아이들의 취향을 나무라는 대신 존중하는 쪽을 택했습니다. 좋은 만화책을 선정해 아이들 주변에 깔아두었지요. 만화책은 아이들의 읽기 독립을 돕고 비문학 독서로 전환하는 데 큰 역할을 했습니다. 마침내 초등 고학년부터는 가족 구성원 각자가 자기 취향에 따라 책을 골라 읽는 가족 독서가 가능해졌습니다. 저녁을 먹은 후에 거실에 모여 조용히 책을 읽는 것이 우리 가족을 대표하는 한 장면이 되었습니다.

일요일 저녁 식사 후에는 그 주에 각자 또는 함께 읽은 책에 관해 대화하는 시간을 가졌습니다. 가족 구성원이 돌아가며 대화 내용을 정리했지요. 책 읽기가 말하기로, 또 글쓰기로 이어지는 시간이었습니다. 격주 토요일 오후는 우리 가족이 도서관에 가는 날입니다. 도서관에서 책을 빌리면 2주 안에 반납해야 합니다. 2주 동안은 도서관의 책이 나의 책이 됩니다. 격주 토요일마다 도서관에 들러 빌렸던 책을 반납하고 새로이 읽을 책을 빌려옵니다. '하루 한 시간 책 읽는 시간', '주말 두 시간 책 이야기 나누는 시간', '격주 주말은 도서관 가는 날'은 우리 가족의 문화로 자리 잡았습니다.

가족 구성원 간 소통이 가능해집니다.

하루 한 시간 책을 읽고 난 다음, 읽은 책에 관해 짧게 이야기를 나눕니다. 5분에서 10분 정도 그날 읽은 부분에서 인상 깊은 점을 공유합니다. 매일 저녁, 이야기 나누기를 통해 아이의 관심사나 취향을 파악할 수 있습니다. 책을 읽고 이야기를 나누는 시간이 차곡차곡 쌓이면서 아이의 관심사가 깊어지거나, 변화하여 넓게 확장되는 순간들을 알아챌 수 있습니다.

철학책 읽기를 좋아하는 아빠나 문학책 읽기를 좋아하는 엄마와 달리, 큰아이는 과학책 읽기를 좋아합니다. 초등 저학년이었을 때는 방과 후에 과학 학습 만화 시리즈를 끼고 살다시피 했습니다. 초등 중학년이 되면서 비룡소 출판사의 '신기한 스쿨버스' 시리즈로 이어지더니, 초등 고학년이 되어서는 주니어김영사에서 나온 '앗, 시리즈' 읽기로 이어졌습니다. '앗, 시리즈' 중에서 유독 《물리가 물렁물렁》을 달달 외울 정도로 여러 번 반복해서 읽었지요.

중학생 때는 '우리는 누구인가라는 물음에 대한 물리학의 대답'이라는 부제를 단 카를로 로벨리의 《모든 순간의 물리학》을 찾아 읽더라고요. 큰아이는 《모든 순간의 물리학》을 물리학 용어를 사용한 철학책이라면서 철학책을 좋아하는 아빠에게 권했습니다. 책에 쓰인 문장이 문학적이라면서 문학책을 좋아하는 엄마에게도 권했고요. 물리에 문외한인 저는 큰아이가 권한 책을 선뜻 읽기가 쉽지 않았어요. 그래서 큰아이가 반발하기도 했습니다. "엄마 아빠는 왜 제가 추천하는 책은 안 읽어요?" 물리학 용어에 익숙하지 않다고 솔직하게 대답하니, "그러면 'WHY?' 시리즈부터 읽어보세요. 제가 아는 모든 과학 지식의 기초는 'WHY?'에서 시작되었으니까요."라는 조언이 돌아왔습니다.

초등학생이던 큰아이가 중학생이 되면서 전반적인 과학 상식에서 물리학으로 관심사가 집중되고, 또 철학과 문학 등 다른 학문과의 연결고리를 찾아 책을 폭넓게 읽어내는 일련의 과정을 지켜볼 수 있었습니다. 큰아이가 알려준 대로 학습 만화에서 기초적인 과학 상식을 접한 후 저는 과학책을 즐겨 읽는 것까진 아니어도 제가 좋아하는 문학과 접목해 SF(공상과학소설, 과학적 사실이나 이론을 바탕으로 한 문학 장르)를 읽으며 큰아이와 과학에 관한 대화를 나눌 수 있는 사람이 되었습니다.

가족 독서를 하면 아이에 관한 정보가 많아집니다. 이를 바탕으로 아이가 자라 사춘기를 보내고 고등학생이 되어도 대화가 가능해집니다. 함께 또는 따로 읽은 책을 중심으로 이야기를 나누다 보면 일상의 여러 작은 일로까지 대화를 뻗어낼 수 있게 됩니다.

30년의 나이 차가 나는 부모와 자녀 사이에는 서로 다른 관심 분야가 있게 마련입니다. 부모가 읽은 책을 자녀에게 소개하고, 자녀가 읽은 책을 부모가 따라 읽으면서 서로 다름에서 오는 거리를 좁힐 수도 있고, 서로 다름을 인정하는 법을 배울 수도 있습니다.

자녀의 자립에 도움이 됩니다.

미취학부터 초등 저학년 시기의 가족 독서는 아이를 책을 좋아하는 어른으로 성장시키는 밑거름이 됩니다. 초등 중학년의 어린이문학 읽기는 문해력과 사고력을 높여줍니다. 이때 아이의 어린이문학 읽기를 이끌어주는 동시에 아이가 독서 영역을 넓혀 갈 수 있도록 다양한 비문학 책을 집안 곳곳에 깔아놓아야 합니다. 아이가 수학·과학·사회·역사와 같은 비문학을 두루 접하면서 스스로 관심 분야를 발견할 수 있도록 길을 열어주어야 합니다.

책상 위나 침대 머리맡은 물론이고, 식탁 위와 화장실 안, 거실 소파에도 책을 놓아주세요. 오다가다 책 표지만 보는 시기를 지나, 아무 페이지나 슬쩍 펼쳐보는 시기를 지나, 어느 순간 한 가지 주제를 골라 몰두하여 읽는 시기가 찾아옵니다. 이를 시작으로 다양한 분야로 독서 영역이 넓어지면, 교과와 연계하여 사교육의 도움 없이 좋은 성적을 받게 되고, 아이 스스로 진학과 진로의 방향을 찾아가는 데도 도움이 됩니다.

13년 전 일곱 살, 세 살 두 아이와 함께 도서관 회원증을 만들었습니다. 큰아이를 걸리고 작은아이를 유아차에 태워 매일 지역 도서관에 걸어가 유아차 한가득 빌린 책을 싣고서 집으로 돌아오는 것이 우리 가족의 일과였습니다. 경제적으로 어려웠지만 가족이 함께 시간을 보낼 수 있었기에 가능한 일이었습니다.

어려웠던 시기, 가족이 함께하던 그 시간에 책이 없었다면, 우리 가족이 가족 독서를 하지 않았다면 지금 어떤 모습일지 상상이 되지 않습니다. 온 가족이 모두 '읽는 사람'으로 성장할 수 있는 계기가 되었던 그때 그 시절, 우리 가족을 괴롭혔던 문제들에 오히려 감사할 따름입니다.

오랜 시간 동안 가족 독서를 하면서 가족 구성원 간 관계는 회복되고 부모와 자녀 사이에 이야깃거리가 늘었으며, 온 가족이 성장하는 경험을 얻었습니다. 우리 부부는 구조조정과 파업, 이른 퇴직으로 인해 경제적 위기를 겪었지만, 새로운 길을 향해 한 걸음씩 내디디며 다시 꿈을 꾸게 되었습니다. 사교육 없이 독서를 통해 배움의 방법을 터득한 두 아이도 자신들의 길을 향해 나아가고 있습니다.

모든 가족에게 '가족 독서'를 권합니다. 우리 가족이 걸어온 기록이 가족 독서를 시작하고 지속하는 모든 가족에게 좋은 길잡이가 되면 좋겠습니다.

Chapter 2

가족 독서
시작하기

가족 독서를 시작할 때 대부분 주양육자가 진행자 역할을 맡습니다. 우리 가족 역시 가족 독서를 시작하고 나서 첫 3년 동안은 주양육자이자 엄마인 제가 진행자를 자처했습니다. 가족 독서에 참고할 만한 좋은 책들이 있었기에 호기롭게 시작은 했지만, 하루하루 실수하고 반성하고 자책하는 시간을 보내야 했어요. 가족 독서를 하며 위기를 맞닥뜨릴 때마다 그 책들을 다시 꺼내 읽고 초심으로 돌아가 마음을 다잡으며 도전을 거듭했습니다.

　주양육자가 가족 독서를 제안했더라도 점차 가족 구성원 모두가 돌아가며 진행하는 방식으로 책임을 나누어야 합니다. 주중에는 주양육자가, 주말에는 부양육자가 진행하다가 아이가 초등 고학년이 되면 가족 구성원이 번갈아 가며 진행하는 방식이 좋습니다. 그래야 구성원 모두가 평등한 입장에서 가족 독서에 참여하고 그 시간을 다채롭게 꾸려갈 수 있습니다.

가족이 함께하는 시간, 가족 독서가 처음이라면 '맛있는 책' 읽기로 시작하시기를 권합니다. 유대인 부모가 탈무드에 꿀을 발라놓듯, 맛있는 책, 말 그대로 맛있는 음식이 나오는 그림책으로 가족 독서를 시도해 보세요. 책 속에 나오는 음식을 함께 나눠 먹으면서 말이지요.

한가한 주말 오후, 저녁을 먹기 전 조금 출출한 시간에 거실에서 뒹굴뒹굴 구르며 심심해하는 아이 옆에 다가가 조용히 책을 펼쳐 읽어줍니다. 아빠가 책을 읽어주는 동안 엄마가 간식을 준비해도 좋고, 엄마가 책을 읽어주는 동안 아빠가 간식을 준비해도 좋습니다. 맛있는 간식과, 그 음식이 나오는 책을 읽는 맛있는 경험을 두세 번만 이어서 해도 어느새 독서를 즐기는 가족이 되어 있을 거예요.

가족 독서의 문을 열어주는 책들

◦

가족 독서를 시작하는 데 도움이 되는 책을 소개합니다. 가족 독서가 처음이라면 미국의 독서 운동가 짐 트렐리즈가 쓴 《하루 15분 책 읽어주기의 힘》과 조벽·최성애 부부가 쓴 《내 아이를 위한 감정 코칭》을 먼저 읽기를 권합니다. 천천히 읽는 것이 관건입니다. 실제

《하루 15분 책 읽어주기의 힘》, 짐 트렐리즈·신디 조지스 글, 이문영 옮김, 북라인.
《내 아이를 위한 감정코칭》, 조벽·최성애·존 가트맨 글, 해냄.
《마주이야기, 아이는 들어주는 만큼 자란다》, 박문희 글, 보리.

로 저는 선배 양육자들의 조언을 듣고서 두 권의 책을 꼭꼭 씹어 소화했습니다. 《하루 15분 책 읽어주기의 힘》을 쪼개고 쪼개 4개월에 걸쳐 읽고, 《내 아이를 위한 감정코칭》을 또 쪼개어 4개월에 걸쳐 읽었습니다. 두 권의 책을 읽는 데 총 8개월이 걸렸지요.

책 읽어주기의 고전이라 평가받는 《하루 15분 책 읽어주기의 힘》을 나누어 읽으면서 이 책의 저자이자 독서 운동가 짐 트렐리즈가 시도했던 책 읽어주기의 여러 방식을 우리 집에 적용해 보았습니다. 우리 집에 딱 맞는 방식을 찾기까지 실패를 거듭하며 드디어 책을 완독할 무렵에는 '하루 15분 책 읽어주기'를 하지 않으면 입안에 가시가 돋을 지경에 이르렀습니다. (슬로 리딩의 힘입니다.)

《내 아이를 위한 감정코칭》은 책을 읽어주는 사람의 언어가 긍정적으로 바뀌도록 돕습니다. 집안에서 주양육자는 굉장한 영향력을 갖습니다. 주양육자의 영향력 아래 아이들은 책 읽는 아이로 자라기도 하고 책과는 멀어진 상태로 자라기도 합니다. 주양육자가 거친 목소리로 몰아붙이면 일시적으로 가족 독서가 가능한 것처럼 보일 수 있겠지만, 아이들을 자발적으로 '읽는 사람'으로 성장시키지는 못할 것입니다. 강요에 의한 가족 독서는 오래 지속될 수 없기 때문입니다. 가족 구성원의 감정 상태를 관찰하고 상황에 따라 적절히 지도하면서 가족 독서를 이끌 때 지속적인 가족 독서가 가능하며 '읽는 사람'으로 성장하기를 기대할 수 있습니다.

가족 독서를 강연하다 보면 '나는 열심히 책을 읽어주는데 아이들이 영 따라오지 않는다.', '가족 독서를 거부한다.'라고 하소연하는 분들을 자주 만납니다. 이런 분들에게는 가족 독서를 할 때 어떤 언어와 태도로 아이와 소통하는지 자신의 목소리를 녹음해서 직접 들어보기를 권합니다. 의도치 않게 명령과 강요를 하는 건 아닌지 점검해 보아야 합니다. 가족 독서 시간에 자신이 어떤 언어를 사용하는지 돌아보세요. 가족 독서를 처음 시작할 때의 저처럼 보통의 양육자들은 《내 아이를 위한 감정코칭》을 읽으면서 연습해야 '감정코칭'을 겨우 따라 할 수 있습니다. 감정코칭을 한다는 것은 아이의 모든 감정을 인정하되 행동에는 제한을 두는 것을 의미합니다. 감정에 좋고 나쁜 것이 있다고 나누지 않고, 긍정적인 감정뿐만 아니라 부정적인 감정도 삶의 자연스러운 일부로 받아들이며, 아이가 감정을 표현할 때 인내심을 가지고 기다려주는 것입니다. 아이의 감정을 존중하고, 작은 감정도 놓치지 않으며, 아이와의 정서적 교감을 중요하게 여길 때 가족 독서가 가능합니다.

책 읽어주기를 어느 정도 진행하다 보면, 우리 아이가 제대로 알아듣고는 있는지, 언제쯤 반응을 보일지 궁금해질 때가 있습니다. 그래서 책을 읽어주다 말고 확인해 보기도 합니다. "어디까지 읽었게?", "주인공 이름이 뭐였지?", "그다음에 무슨 일이 벌어질까?"라면서요. 어쩌다 아이가 마음에 드는 대답을 내놓기라도 하면 모두가 기분이 좋겠지만, 행여나 아이의 반응이 시원치 않으면 '내가 제대로 읽어주고 있나?'에서부터 '우리 아이에게 무슨 문제라도 있는게 아닐까?'까지 생각하게 됩니다. 저 역시 이러한 의심을 수도 없이 해봤습니다. 수많은 시행착오를 겪으면서 아이의 반응을 떠보기보다는 믿고 기다려주는 게 가장 좋다는 것을 이제는 압니다.

가족 독서 진행자가 준비해야 할 단 한 가지는 바로 '활짝 열린 두 귀'라는 것을 박문희 선생님이 쓴 《마주이야기, 아이는 들어주는 만큼 자란다》를 통해 배웠습니다. 마주이야기는 '대화'를 뜻하는 순우리말입니다. 저자에 따르면 마주이야기 교육은 아이들이 하고 싶어서 터져 나온 '말', 안 하고 못 참겠는 그 '말'을 들어주고, 알아주고, 그 말에 감동해 주는 교육입니다. 20년 가까이 마주이야기 교육을 해온 박문희 선생님은 양육자와 선생님이 아이들의 말에 긍정적으로 반응해 준 만큼 아이들은 당당하고 건강하게, 속 시원히 자란다고 강조합니다. 저는 이 말에 전적으로 동의합니다. 가족 독서 시간에 아이들 말에 귀를 기울여 주세요. 혹 아이가 정답을 말하지 않고 아무 말을 하더라도 잘 들어주세요. 했던 말을 또 하며 길게 말하더라도 중간에 말허리를 자르고 아이 말을 정리해 주는 대신 끝까지 들어주세요. 그러다 보면 들어준 만큼 훌쩍 자란 아이를 마주할 수 있을 거예요. 가족 독서의 경험이 쌓일수록 '조금 읽고 많이 대화하기'가 가족 독서의 핵심임을 깨닫게 됩니다.

가족 독서를 시작했던 첫 마음을 오래도록 유지하는 데 도움이 되는 방법이 있습니다. '가족 독서를 위한 우리 가족의 약속'을 만들어보세요. 먼저 우리 가족의 약속을 소개합니다. 아래 내용을 참고하여 가족의 상황에 맞게 약속을 정해보세요.

• 우리 가족 독서 약속 만들기

- 하루 15분 잠자리에서 책 읽어주기
- 하루 한 시간 거실에서 함께 책 읽기
- 주말 두 시간 책 이야기 나누기
- 격주 주말 도서관에서 책 빌려오기

• 쉬운 책에서 어려운 책으로 점진적 독서하기

- 양육자가 먼저 책을 읽으면 아이들도 책을 좋아하게 되고 대화 소재가 많아집니다.
- 온 가족이 함께할 수 있는 그림책 읽기를 지속하다 보면 아이들의 관심사가 점차 넓어집니다.
- 관심사에 따라 청소년 문고로 문학과 과학, 역사, 철학 등 다양한

분야를 읽도록 유도합니다.

- 아이들이 좋아하는 작가가 생겼다면 그 작가의 작품을 모두 읽습니다.

처음에는 너무 빡빡하지 않게 정하는 것이 중요합니다. 아이가 미취학이나 초등 저학년이라면 '하루 15분 책 읽어주기'만으로 충분합니다. (가능하다면 매일 도서관 나들이를 추천합니다. 아이가 심심해하는 시간이 많은 경우에 한해서요.) 아이가 자라면 하루 한 시간 거실에서 나란히 책 읽기를 시도해 보세요. 그리고 우리 가족의 상황에 맞게 약속을 하나씩 늘려보세요. 일단은 하나라도 시작하는 것이 중요합니다. 성취의 기쁨을 맛볼 수 있도록 작은 약속부터 만들어보세요.

'맛있는 책'으로 시작하는 가족 독서

미취학, 혹은 초등 저학년 아이와 '맛있는 책' 읽기를 시작한다면, 사이다 작가의 《고구마구마》와 《고구마유》를 준비해 주세요. 《고구마구마》에는 크고 작고 길쭉하고 뚱뚱한, 그야말로 모양이 제각각인 고구마가 등장합니다. 실제로 사이다 작가는 고구마 그림책 시리즈를 그리기 전 2년 동안 고구마 농사를 지었다고 합니다. 직접 고구마를 수확하면서 서로 생김새가 똑같은 고구마는 한 번도

《고구마구마》, 사이다 글·그림, 반달.
《고구마유》, 사이다 글·그림, 반달.

본 적이 없다고 해요. 고구마 하나에도 개성이 한가득 있음을 발견하고서 어린이들이 서로 다름을 존중해야 한다고 느꼈고, 이런 마음을 담아 제각각 생김새가 다른 고구마 그림을 그렸다고 합니다.

깨끗이 씻은 고구마를 에어프라이어에 넣고 고구마가 익는 동안 《고구마구마》를 읽어주세요. 고구마 굽는 냄새를 맡으며 고구마 그림책을 읽는 재미는 실제로 해보지 않으면 그 맛을 알지 못합니다. 군고구마를 호호 불어 먹으면 절로 우유 생각이 간절해지지요. 이때 아이들에게 우유를 한 잔 건네면서 《고구마유》를 읽어주세요. 고구마를 여러 개 먹으면 방귀가 나오는데, 그림책 《고구마유》를 읽으면서 고구마 방귀를 뀌면? 하하하! 크크크! 온 가족이 데굴데굴 구르며 웃을지도 몰라요. '~구마', '~유'로 끝나는 말놀이를 해보는 것도 가족 독서 시간을 재미있게 보내는 방법입니다.

《이게 정말 사과일까?》, 요시타케 신스케 글·그림, 고향옥 옮김, 주니어김영사.
《알사탕》, 백희나 글·그림, 책읽는곰.
《아빠와 피자놀이》, 윌리엄 스타이그 글·그림, 김경미 옮김, 비룡소.

'발상의 천재', '전 세계가 주목하는 그림책 작가' 하면 떠오르는 요시타케 신스케는 우리 집 작은아이가 가장 좋아하는 작가입니다.《이게 정말 사과일까?》를 읽고 재미있으면 다른 '이게 정말~' 시리즈 도서들을 이어서 읽어보세요. 상상력 지수가 한 단계 높아지는 건 물론이고, 요시타케 신스케의 작품 세계에 푹 빠지게 될 거예요. 요시타케 신스케의 그림책을 모두 찾아서 읽어보시기를 권합니다. 처음 요시타케 신스케의 그림책을 읽는 독자라면 단연《이게 정말 사과일까?》부터 시작하면 좋습니다. 빨갛고 예쁜 사과를 준비해서 말이지요. 이 책은 그의 첫 그림책인데, 사과로 상상할 수 있는 모든 것을 다 끌어모아 놓았답니다.

2018년 요시타케 신스케가 내한했을 때 그를 만나러 간 적이 있습니다. 서울 마포의 한 도서관에서 진행했던 작가와의 만남 자리

였어요. 그때 우리 집 작은아이는 초등학교 3학년이었고, 그 또래 아이들이 아이돌 그룹의 콘서트에 모인 팬클럽 회원들처럼 굉장히 많이 참석해 놀란 기억이 있어요. 아이들이 다들 줄을 서는 바람에 책에 사인받을 때 꽤 오래 기다려야 했지요. 그만큼 초등 아이들에게 인기 있는 작가입니다. 다음은 어느 인터뷰에서 그가 남긴 말입니다. 역시 아이들이 믿고 보는 작가는 다르네요.

"책을 볼 때 마지막까지 읽을 수 없다는 건 정말 슬픈 일이다. 아이들은 뭐든지 쉽게 질린다. 그러니 아이들이 지루해하지 않고 끝까지 읽을 수 있도록 스토리를 잘 짜는 것이 중요하다."

백희나 작가는 한국을 대표하는 그림책 작가입니다. 《구름빵》으로 유명한 그는 2020년 아스트리드 린드그렌상을 수상하면서 세계적인 그림책 작가의 반열에 올랐습니다. 《알사탕》은 가족 독서 시간에 활용하기 좋은 그림책입니다. 물론 맛있는 알사탕을 먼저 준비해 두면 재미가 배가 되겠지요.

표지에 등장하는 주인공 동동이는 아빠와 단둘이 살고 있습니다. 혼자 노는 걸 좋아하지만 어쩌면 친구에게 함께 놀자고 먼저 말을 거는 게 쑥스러워 그럴 수도 있어요. 동동이는 어느 날 구슬인 줄 알고 사온 알사탕을 먹고서 들리지 않던 목소리가 들리기 시작합니다. 사람이나 물건의 속마음이 들리는 거예요. 잔소리꾼 아빠에게서 들리는 목소리는 바로 '사랑해, 사랑해, 사랑해…'입니다. 신비한 알사탕을 통해 진심이 들리는 체험을 하면서 동동이는 자신의 진짜 속마음을 표현하기 시작합니다. 친구에게 다가가 함께 놀자고 말을 걸 수 있게 되지요.

평소 아이에게 진심보다 잔소리가 앞선다면, 쑥스러워서 진심을 전하지 못한다면, 아이에게 《알사탕》을 읽어주고 함께 알사탕을 먹으면서 진심을 전해보세요. 그림책 읽어주기를 통해 슬쩍 진심을 전하기, 《알사탕》과 함께라면 제아무리 무뚝뚝한 양육자라도 해낼 수 있을 거예요.

윌리엄 스타이그는 미국을 대표하는 그림책 작가입니다. 그의 나이 예순에 그림책 작가가 되어 《슈렉》, 《당나귀 실베스터와 요술 조약돌》 등 전 세계 어린이 독자들이 열광하는 작품을 썼어요. 그가 자녀에게 주기 위해 쓴 그림책이 바로 《아빠와 피자놀이》입니다.

《아빠와 피자놀이》 표지에 있는 아이는 일고여덟 살의 남자아이 피트입니다. 밖에 나가 놀고 싶은 피트는 갑자기 비가 쏟아지자 크게 실망하지요. 이때 아빠가 말합니다. "아빠랑 피자놀이 할까?" 이제 피트는 피자 반죽이 됩니다. 피자 반죽을 둥글게 넓힐 때처럼, 아빠는 피트를 번쩍 들어서 뱅글뱅글 돌립니다. 반죽(피트)을 식탁에 내려놓고서 여러 토핑을 얹습니다. 오븐(소파)에 올려 굽습니다. 피자(피트)가 완성되면 맛있게 먹습니다. 냠냠~

미취학부터 초등 저학년까지 아이들은 몸으로 하는 놀이를 좋아합니다. 아이가 몸을 움직여 놀고 싶어 할 때 《아빠와 피자놀이》를 읽어주세요. 그러고 나서 실제로 양육자가 아이를 피자로 만들어주는 놀이를 해보세요. 아이와 급격하게 친해지는 느낌을 받으실 거예요. 온몸으로 피자놀이를 하면 에너지 소모가 엄청납니다. 배

《손 큰 할머니의 만두 만들기》, 채인선 글, 이억배 그림, 재미마주.
《마법의 설탕 두 조각》, 미하엘 엔데 글, 진드라 차페크 그림, 유혜자 옮김, 한길사.
《찰리와 초콜릿 공장》, 로알드 달 글, 퀸틴 블레이크 그림, 지혜연 옮김, 시공주니어.

에서 꼬르륵 소리가 날지도 몰라요. 이때 누구나 손쉽게 만들 수 있는 토르티야 피자를 만들어 먹으면 정말 맛있겠지요.

《아빠와 피자놀이》를 재미있게 즐겼다면 《손 큰 할머니의 만두 만들기》를 읽으면서 만두 빚기에 도전해 보시기를 권합니다. 손 큰 할머니는 손이 너무너무 커서 한번 만두를 빚으면 온 산에 사는 동물들이 함께 만들어야 하고, 그 양은 동물들이 모두 먹고도 남을 정도입니다. 할머니가 만두를 얼마나 많이 만들던지 몇 날 며칠 만두를 빚던 동물들이 하나둘 지쳐가다가 꾀를 부립니다. 만두를 점점 더 크게 만들기 시작하지요. 동물들은 만두를 얼마나 크게 만들까요?

그림책이라도 글자가 많고 분량이 적지 않지만, '많이 더 많이',

'크게 더 크게'처럼 어린이 독자들이 좋아하는 표현이 반복돼서 미취학이나 초등 저학년 아이에게 읽어주어도 집중해서 잘 듣는답니다. 만두를 빚는 게 쉬운 일이 아닌데, 이 그림책을 읽어주면 당장 만두가 빚고 싶어져요. 도전, 우리 가족 만두 만들기! 아이들의 소근육 발달에도 도움이 되겠지요.

미하엘 엔데의 《마법의 설탕 두 조각》은 표지에 있는 아이, 렝켄이 주인공으로 나오는 판타지 동화입니다. 렝켄은 읽는 법을 배운 지 얼마 되지 않아 더듬더듬 글을 읽는 여자아이입니다. 그런데 신기하게도 이 책은 초등 고학년 남자아이들, 즉 사춘기를 지나는 남학생들에게 인기가 많습니다. 왜 이 아이들이 렝켄에게 깊이 공감하는 걸까요?

외동딸인 렝켄은 해보고 싶은 게 정말 많습니다. 렝켄이 "이거 해도 돼요?"라고 물어볼 때마다 엄마 아빠는 "안 돼!"라고 말합니다. 렝켄은 한 명인데 엄마 아빠는 두 명이고, 엄마 아빠 모두 렝켄보다 키도 두 배에 몸집도 훨씬 큽니다. 인원수로든 힘으로든 렝켄은 엄마 아빠를 이길 수 없습니다. 단 한 번이라도 "돼!"라는 말을 듣고 싶은 렝켄은 요정을 찾아가 엄마 아빠가 "안 돼!"라고 할 때마다 키가 반으로 주는 마법의 설탕 두 조각을 받아옵니다. 렝켄은 엄마 아빠가 마실 홍차에 마법의 설탕을 하나씩 넣습니다. 렝켄의 엄마 아빠는 홍차를 마시고 "안 돼!"를 반복하다가 결국 키가 렝켄의 손톱 반만큼이나 작아집니다. 너무 작아져서 사라질 위기에 처하지요.

엄마 아빠를 이기고 싶다거나 엄마 아빠보다 잘하고 싶다는 바람은 아이들 대부분이 가지고 있는 것 같습니다. 특히 사춘기를 지나는 아이들은 더더욱 그 바람이 큰 듯해요. 아이들은 《마법의 설탕 두 조각》을 읽으면서 "안 돼!"라는 말에 점점 작아지는 렝켄의 부모님을 보고 묘한 쾌감을 느낍니다. 《마법의 설탕 두 조각》을 읽어주고, 차에 각설탕을 한 조각씩 넣어서 마시는 시간을 가져보시기를 권합니다. 그 시간만큼은 아이들에게 "안 돼!"라는 말은 하지 않기로 하고서요.

전 세계적으로 가장 인기 있는 동화 작가 로알드 달! 현대 동화에서 '가장 대담하고, 신나고, 뻔뻔스럽고, 재미있는' 어린이책을 쓴다는 평가를 받지요. 우리 집 두 아이가 가장 좋아하는 동화 작가이기도 합니다. 가족 독서 시간에 그가 쓴 재미있는 이야기 중에 《찰리와 초콜릿 공장》을 읽어보세요. 물론 캐드버리 초콜릿을 먼저 구해야겠지요.

《찰리와 초콜릿 공장》은 로알드 달의 유년기 경험을 녹여 쓴 판타지 동화입니다. 어린 로알드 달이 기숙학교에서 가장 좋아했던 날은 바로 기숙사 방으로 초콜릿 상자가 배달되는 날이었다고 합니다. 영국의 유명한 초콜릿 회사인 캐드버리는 아이들의 입맛을 사로잡는 초콜릿을 만들겠다는 목표로 기숙학교에 공짜로 초콜릿을 보내주었다고 해요. 아주 공짜는 아니었던 것이 초콜릿을 먹고 나서 맛 평가 설문지를 작성해야 했기 때문입니다. 아이들은 "초콜릿 안에 오렌지 절임을 넣으면 더 맛있겠다.", "덜 달고 부드럽게"

등 상상력을 발휘해 의견을 썼을 테고요. 캐드버리는 초콜릿 제조 과정에 아이들의 의견을 반영했다고 합니다. 200년 동안 사랑받는 초콜릿 브랜드가 될 만하지요?

캐드버리 초콜릿을 먹으면서 《찰리와 초콜릿 공장》을 읽는다면 초콜릿 맛과 책을 읽는 재미가 배가 될 거예요. 아이들은 물론 어른들도 로알드 달의 작품 세계에 기꺼이 빠져들 겁니다. 로알드 달의 동화들은 작품성이 훌륭한 영화로도 만들어져 동화 읽기에서 영화 보기로 경험을 확장하기에도 더할 나위 없이 좋습니다. 로알드 달의 전작을 다 읽고 '우리 가족 로알드 달 베스트 원'을 꼽는 투표를 진행해 보세요. 전작 읽기와 가족 투표를 진행한 후, '우리 가족 베스트 원'으로 선정된 책을 사서 모으면, 가족의 특별한 추억이 담긴 서가를 마련할 수 있습니다. 그 서가 앞에 서면, 가족 독서의 역사를 한눈에 볼 수 있어 좋습니다. (참고로 우리 가족의 로알드 달 베스트 원은 《마틸다》입니다.) 전작 읽기가 조금 부담스럽다면, 한 달, 세 달 등 기간을 정해 두고 투표한 결과를 바탕으로 '우리 가족 최고의 책' 서가를 채워볼 수도 있을 거예요.

Chapter 3

가족 독서
지속하기

가족 독서를 지속하려면 도서관과 친해져야 합니다. 집에서 가장 가까운 도서관을 우리 집 서재로 삼으면 좋지요. 가족 구성원 모두가 도서관 회원증을 만들고, 적어도 격주에 한 번은 온 가족이 각자 또는 함께 읽을 책을 빌려오겠다는 각오로 도서관을 들락거려야 합니다. 달력에 우리 가족이 도서관 가는 날을 표시해 보세요. 그날을 중심으로 가족 독서가 일상의 습관으로 자리 잡을 것입니다.

가족 독서의 목표는 가족 구성원 모두가 '읽는 사람'으로 성장하는 것입니다. 아이가 자라면서 가족 독서에 위기가 찾아오기도 할 텐데요. 책 읽기를 좋아하던 아이가 문득 가족 독서를 거부하면, 상황에 따라 가족 독서를 위한 약속을 수정하는 등 변화를 시도해야 합니다. 책 읽는 환경을 점검하고, 책을 읽을 수 있는 환경을 마련하는 것만이 가족 독서를 지속시킬 수 있음을 기억해야 합니다.

여러 가족과 함께 가족 독서를 하면 오래 지속할 수 있습니다. 학교나 지역 도서관을 중심으로, 또는 비대면 방식을 활용하여 가족 독서를 하는 다른 가족들과 책모임을 꾸려보는 것도 좋은 방법입니다. 여러 가족이 함께 가족 독서를 할 때 우리 가족도 동반 상승 효과를 얻을 수 있습니다.

가족 독서 습관 만들기

◦

가족 독서를 시작해 보기로 했다면, 이제는 도서관에 갈 시간입니다. 먼저 집 가까이에 도서관이 있는지 검색해 보세요. 도서관의 규모와 시설은 중요하지 않습니다. 근처에 지역 공공도서관이 있으면 정말 좋겠지만, 아파트에서 운영하는 작은 도서관도 좋고, 성당이나 교회에서 운영하는 도서관도 괜찮습니다. 우리 집에서 얼마나 가까운지가 가장 중요합니다. 집에서 걸어서 갈 수 있는 도서관이라면 어디라도, 무조건 좋습니다.

13년 전 저는 성당 앞마당, 컨테이너 건물로 된 도서관을 매일 드나들었습니다. 여러 해에 걸쳐 몇 가족이 한 달에 만 원씩 회비를 내고 필독 도서를 구매해 십진분류법에 따라 정리해 둔, 작지만 알찬 도서관이었습니다. 인터넷으로 도서를 검색할 수도 없고 책을 빌릴 때 손으로 글씨를 써야 하는 번거로움이 있었지만, 걸어서 10분 거리에 우리 가족이 언제든 책을 빌릴 수 있는 작은 도서관이 있는 것만으로 가족 독서를 하기에 충분했습니다. 도서관이 작으면 '이 도서관에 있는 모든 책을 읽어보겠어!'라는 목표를 세워 달성할 수 있습니다. 아무리 작은 도서관이라도 좋은 책을 다양하게 갖춰놓으려고 노력하는 곳이라면, 다양한 분야의 책을 읽기 딱 좋은 환경이라 할 수 있습니다.

집 가까이에 있는 도서관을 찾았다면, 도서관과 친해지는 작업이 필요합니다. 하루 날을 잡고(여유 있는 주말 오후가 좋습니다.) 온 가족이 도서관에 갑니다. 가족 구성원 모두가 도서관 회원증을 만듭니다. 아이가 어려도 괜찮습니다. 우리 가족은 큰아이 일곱 살, 작은아이 세 살에 처음으로 온 가족이 도서관으로 나들이를 갔습니다. 세 살 작은아이도 도서관 회원증을 발급받았지요. 도서관에서 아이 얼굴 사진을 찍고 그 사진이 들어간 회원증을 만들어주었는데, 생애 처음으로 자기 얼굴이 들어간 회원증을 받은 아이는 무척 좋아했습니다. 자기가 읽을 책은 자기 회원증으로 대출하기를 원했고요.

가족 구성원 모두가 도서관 회원증을 만들면 좋은 점이 많습니다. 먼저 개인 회원 외에도 가족 회원의 자격을 가질 수 있습니다. 예를 들어, 개인 회원증으로 한 번에 책 7권을 빌릴 수 있을 때, 4인 가족이 가족 회원으로 등록하면 가족 중 한 명의 회원증으로 총 28권의 책을 빌릴 수 있습니다. 즉 가족 회원 등록을 마친 도서관 회원증이 있다면 도서관에서 빌릴 수 있는 책의 최대 권수에 가족 구성원의 수를 곱한 수만큼 책을 빌릴 수 있는 것이지요.

이뿐만이 아닙니다. 도서관마다 조금씩 다르기는 해도 대부분은 상반기, 하반기로 나누어 '우수 회원' 제도를 운용합니다. 상반기에 책을 많이 빌린 회원에게 하반기에 대출 권수를 늘려주는 혜택을 주는 겁니다. 예를 들어, 도서관 우수 회원이 되면 기존에 7권을 빌릴 수 있던 것에 3권을 더해 한 번에 10권까지 빌릴 수 있게 됩니다. 4인 가족이 가족 회원으로 등록했다면 한 번에 40권까지 빌릴 수 있습니다. 2주마다 고정적으로 책을 빌리는 가족 회원이라면 매 반기마다 이러한 포상을 지속해서 받을 수 있습니다.

아이가 초등학교에 입학하기 전이고 주양육자에게 시간적 여유가 있다면, 매일 도서관에 발 도장을 찍기를 권합니다. 큰아이 일곱 살, 작은아이 세 살에 직장을 그만둔 저는 가정 경제의 어려움으로 두 아이가 다니던 유치원과 어린이집을 그만두게 할 수밖에 없었습니다. 학습지와 학원은 언감생심 꿈도 못 꿀 때였지요. 당시에는 아이들의 성장과 발달이 활발하게 일어나는 시기에 닥친 경제적 어려움 때문에 아이들에게 해를 끼치지 않을까 미안하고 불안한 마음이 컸습니다. (영유아기를 지나는 아이를 키우고 있거나 키워본 분이라면 공감하실 거예요. 하루하루 아이의 변화를 목격할 수 있을 때 좋은 것을 하나라도 더 해주고 싶은 마음을요.) 집에서 뒹굴뒹굴 텔레비전만 보게 하느니 도서관에서 뒹굴뒹굴하는 게 낫다는 마음으로 매일 아이들을 도서관으로 데려갔습니다. 일곱 살, 세 살에 처음 도서관을 방문

오늘, 가족 독서를 시작합니다

한 아이들이 처음부터 얌전히 책을 읽는 일은 일어나지 않았습니다. 주양육자인 제가 직업병으로 건강이 좋지 않던 때여서 아이들이 원하는 만큼 책을 읽어줄 수도 없었지요. 일곱 살 큰아이는 책을 쌓아 집을 만들고, 세 살 작은아이는 책을 구경하다가 잠이 들기 일쑤였습니다. 책이 베개가 되고 이불이 되기도 했어요. 말 그대로 책과 한 몸이 되어 뒹구는 아이들을 지켜보며 혹시 책장이 구겨지지는 않았나 감시하는 일이 당시 제가 한 일의 전부입니다.

어린아이를 데리고 도서관에 가면 다른 이용자에게 민폐가 될까 봐 주저하는 양육자가 많습니다. 놀이터가 아닌 도서관에서 책을 장난감 삼아 놀게 하는 일이 다른 도서관 이용자들에게 불편을 끼치는 일이라고요. 하지만 아이들은 모방의 천재란 사실에 주목하시기 바랍니다. 처음에는 소란을 떨어서 다른 도서관 이용자의 주의를 받을 수 있습니다. 하지만 주위에서 조용히 앉아 책을 들여다보고 있는 언니와 오빠, 누나와 형 들을 보면서 금세 따라 하기 시작합니다. 그림만 보더라도 책장을 넘기며 책 읽는 흉내를 내기 시작합니다. 아이의 건강 상태에 따라 도서관에 머물기 힘들어하는 날도 자주 있을 겁니다. 그런 날은 유아차 한가득 책을 빌려서 집으로 가져오면 됩니다. 집으로 오는 길에 놀이터 두세 곳을 순례하는 일은 당연히 있을 수밖에 없고요. (아파서 도서관은 못 가더라도 놀이터는 꼭 가더라고요.)

미취학 영유아기에 책과 뒹굴어 본 경험은 매우 중요합니다. 아이가 도서관을 놀이터처럼 여기게 되고, 도서관은 심심할 때 생각

나는 곳이자 가면 마음이 편안해지는 곳이 되거든요. (고등학생이 된 큰아이는 공부도 도서관에서 하면 더 잘 된다고 하네요.) 양육자가 직장에 다니느라 평일에 도서관 나들이를 할 수 없다면 주말이라도 좋습니다. 매주나 격주가 어려우면 한 달에 한 번 정도로만 도서관 방문 계획을 세워보세요. 첫 방문을 결심하는 게 가장 어렵고 계획을 실천으로 옮기는 것이 보통 일은 아니지만, 한 달에 한 번은 꼭 가겠다는 느슨한 자세로 포기만 하지 않으면 가게 됩니다.

일곱 살에 유치원 대신 도서관에 매일 발 도장을 찍었던 큰아이는 이제 고등학생이 되었습니다. 한 달에 한 번 집에 오는 기숙형 고등학교에 진학하면서 주말을 학교에서 보내는데, 그때마다 학교 도서관에서 시간을 보내는 '읽는 고등학생'이 되었습니다. 아이는 도서관에 가면 온갖 근심 걱정이 사라진다고 합니다. 학교에는 교과와 연계되어 깊이 있는 내용을 다루는 책들이 갖춰져 있어서 책을 읽느라 공부를 안 한다고 할 수 없어요. 오히려 교과 공부를 더 깊게 하는 것일 수 있습니다. (오해의 여지가 있어 덧붙입니다. '읽는 중학생', '읽는 고등학생'이 성적이 좋습니다. 교과서를 읽어내는 행위 자체가 사고력과 문해력을 요구하기에 그렇습니다. 문제집을 풀지 않고 책을 읽고 있다고 해서 아이들이 공부를 안 한다고 생각하지 않았으면 좋겠습니다.)

이렇게 도서관을 좋아하게 된 아이들은 당연히 서점도 좋아합니다. 반짝반짝 새 책이 표지를 한껏 드러내며 아이들을 반기는 곳을 좋아하지 않을 리 없지요. 게다가 요즘 서점은 북카페를 겸해서 먹을거리를 함께 판매합니다. 아이가 책을 한 권 골랐다면 그 자리

오늘, 가족 독서를 시작합니다

에서 펼쳐 읽을 수 있도록 서점에 있는 카페를 이용해 주세요. 서점 방문은 한 달에 한 번이면 충분합니다. 도서관에서 읽고 마음에 들어 했던 책 한 권과 함께 신간 한 권을 사주세요. 학습지나 학원비와 비교하면 한 달에 한 번 서점에서 쓰는 비용이 그리 크게 느껴지지는 않을 거예요.

아이들이 초등학생이 되면 매일 도서관에 가기는 무리일 수 있습니다. 초등 1학년 아이들은 학교 수업이 끝난 다음에는 놀이터에서 친구와 놀아야 하지요. 그러나 코로나 시기처럼 놀이터에서 친구들과 놀기 어려운 상황이 생기기도 합니다. 어렸을 때 도서관에서 놀아본 경험이 있는 아이는 이럴 때 도서관에 가자는 제안을 반갑게 받아들일 거예요. 혹은 먼저 도서관에 가자고 할 수도 있습니다. 그러면 함께 도서관에 가면 됩니다. 하지만 아이가 자발적으로 나서지 않는데 매일 도서관에 데리고 가는 건 가뜩이나 생애 최초로 학교생활에 적응하느라 몸과 마음의 모든 에너지를 쓰고 있는 아이에게 힘든 일로 느껴질 수 있습니다. 그러니 이 시기에는 2주에 한 번 주말에 도서관을 방문해 책을 빌려오는 것이 낫습니다. 도서관에서 책을 대출해 주는 기간은 연장하지 않는 한 2주이니 2주 간격으로 빌렸던 책을 반납하고 새로이 읽을 책을 빌려오면 좋습니다. 그렇게 빌려 온 책을 저녁 먹은 후 거실에서 읽어주거나 잠자리에서 읽어주세요.

도서관에 가는 날은 온 가족이 책을 빌리는 날입니다. 먼저 각자가 읽을 책을 고릅니다. 철학을 좋아하는 철학 전공자 남편은 주로 철학책을 고릅니다. 시인이 되고 싶었으나 그러지 못한 저는 주로 문학책을 고릅니다. 대여섯 살이었을 때도 천 쪽이 넘는 두꺼운 육아책 《삐뽀삐뽀 119 소아과》를 펼쳐 똥 사진을 수도 없이 들여다보던 큰아이의 책 취향은 비문학 영역입니다. 작은아이는 큰아이와 달리 아름다운 그림에 압도됩니다. 각자 취향에 맞는 책을 고르고 나면 아이들에게 읽어줄 책을 고를 차례입니다. 아이들이 미취학이나 초등 저학년이었을 때는 주로 그림책을 골랐습니다. 잠자리에서 읽어줄 책 한두 권 정도만 줄글 책으로 골랐지요.

저녁 식사를 마치고 하루 한 시간 거실에서 책을 읽을 때는 각자가 원하는 책을 주로 읽습니다. 양육자가 빌려온 그림책을 읽히고 싶을 때는 책을 거실에 깔아두고서 "책을 골라오면 읽어줄게!"라고 말합니다. '부처님 손바닥 작전'이라고 제가 이름 붙였습니다. 양육자가 고른 책은 아이의 취향이 아닐 수 있지만, 여러 책 가운데 한 권을 골라보라고 하면 아이들에게 주도권을 넘긴 셈이 됩니다. 골라봐야 '부처님 손바닥 안'이지만, 아이들은 '자신이 직접 고른 책'이라고 생각하겠지요. 그러면 양육자도 아이들도 모두 만족할 수 있습니다. 그렇게 거실 독서 시간은 아이들이 골라온 책을 읽어주거나 각자 자신이 고른 책을 자유롭게 읽는 시간입니다.

아이들이 씻고 침대에 누우면 잠자리 독서 시간입니다. 이때 줄글 책을 읽어주면 좋습니다. 아이들 수준보다 조금 어려운 듯하지만 꼭 읽어주고 싶어서 양육자가 고른 책을 잠자리에서 읽어주는 것이지요. 마치 자장가를 불러줄 때처럼 아이들은 눈꺼풀이 무거

워지다가 어느새 꿈나라로 갈 거예요. 그러면 그토록 기다리던 '육아 퇴근(육퇴)'을 맞이하게 됩니다. 잠자리 줄글 책 읽어주기는 여러 가지로 좋은 점이 많습니다. 가장 좋은 점은 '육퇴'를 당길 수 있다는 점이고요. 장기적으로 볼 때 좋은 점은 잠자리에서 줄글 책을 육성으로 들으면서 잠든 아이들은 줄글 책 읽기를 두려워하지 않는다는 것입니다. (물론 인문 고전처럼 아주 수준이 높은 책을 술술 읽어낸다는 말이 아닙니다. 그림책에서 어린이문학·비문학으로 넘어가는 것이 조금 수월해진다는 의미입니다.)

아이가 독서를 거부할 때 대처하는 법

◦

격주 또는 한 달에 한 번 주말에 도서관 나들이하기가 가족 독서를 위한 습관으로 자리 잡았다면, 우리 가족의 목표를 점검할 때입니다. 초등 중학년 이상의 아이들과 가족 독서를 할 때는 가족 독서가 왜 필요한지 알려주는 것이 먼저입니다. 초등 중학년은 가뜩이나 해야 할 일, 신경 쓸 일이 많아지기 때문입니다. 학교에서 배우는 교과 과목이 많아지고 새로운 친구와의 관계 맺기가 시작되며 발달이 조금 빠른 아이라면 사춘기를 경험합니다. 이때 아이들에게 무턱대고 책을 읽어주거나 내미는 대신, 책 읽기의 장점을 설명해 주고 함께 책을 읽을 때 어떤 점이 좋은지 논리적으로 설득하는 방법이 더 효과적입니다.

물론 아이의 성격과 취향에 따라 가족과 함께 책을 읽자는 설득에 넘어오는 아이도 있고 그렇지 않은 아이도 있습니다. 넘어오는 아이라면 감사한 마음으로 가족의 목표를 설정하고 가족 독서를 시작하면 됩니다. 넘어오지 않는 아이라면 기다려주어야 합니다. 큰아이 작은아이 모두 가족 독서를 거부하던 시기가 있었습니다. 큰아이는 초등 2학년에 어린이문학 읽기를 거부했고, 5학년에 가족 독서 자체를 거부했습니다. 그림책과 문학을 좋아하는 작은아이는 상대적으로 자신에게 어려운 비문학 책을 함께 읽을 때도 가족 독서에 자발적으로 참여했지만, 6학년이 되고 나서 문득 가족 독서를 거부했습니다.

일단 아이가 거부 의사를 밝히면 존중해야 합니다. 가족 독서를 멈추고 아이에게 무슨 변화가 생긴 건 아닌지, 학교에서 무슨 일이 있는 건 아닌지, 친한 친구와 사이가 나빠진 건 아닌지 살펴주세요. 아이에게 일어난 문제를 확실하게 파악할 수 있다면 가족 독서에 새로운 방식을 적용할 좋은 기회로 삼아야 합니다. 예를 들어 아이가 친구와의 관계 때문에 가족 독서를 멈추려고 한다면 고민의 핵심인 우정에 관한 책을 선정해 함께 읽으면 됩니다. 그러면 아이는 책을 통해 자신의 문제를 해결할 수 있다는 걸 알게 됩니다. 높은 확률로 다시 가족 독서의 의지를 불태우게 되겠지요.

유튜브 시청이나 게임이 너무 재미있어서 또는 친구들과의 단체 채팅에 빠져서 책 읽기를 소홀히 하는 것이라면 다른 대책이 필요합니다. 가족 독서에서 이런 상황을 맞닥뜨리는 것은 당연한 일입니다. 특히 초등 고학년 아이에게는 이러한 상황이 시시때때로 발생하기 때문에, 이 시기 정상 발달의 한 과정이라고 아이를 인정하는 태도를 갖는 것이 중요합니다. 부드러운 말투로 아이에게 독서의 중요성을 넌지시 설명해 주세요. 아이가 기분 좋을 때 말이지요. 아이가 독서 시간을 충분히 확보할 수 있는 상황인지 확인이 필요합니다. 우리 가족은 아이들에게 학습지를 풀게 하거나 학원에 보내지 않았기 때문에 책 읽을 시간이 없는 상황은 아니었습니다. 시간이 없어서 못 읽는 것이라면 학습지를 줄이고 학원 시간을 줄여서 책을 읽을 시간부터 확보해야 합니다. 이 시기, 책 읽을 시간을 확보하는 게 가장 먼저 해야 할 일입니다.

가족 독서를 거부할 때마다 제가 아이에게 했던 이야기를 들려드리겠습니다. "엄마는 너희가 책 읽는 습관을 꼭 가졌으면 해. 자라는 동안에는 언제든 책 읽는 일이 재미없고 힘들게 느껴질 수 있어. 이해해. 매일 한 시간 동안 책을 읽을 때 힘들면 얘기해 줘. 엄마가 읽어줄게." 자발적인 책 읽기가 힘들어서 그저 뒹굴고만 싶어할 때, 뒹구는 아이를 혼내고 억지로 책을 읽게 하는 데 힘을 빼는 대신, 아이의 상태를 이해하고 대신 책을 읽어주는 방식으로 아이를 끌어준다면 아이들은 다시 가족 독서로 돌아온답니다.

두 아이에게 우리 가족이 13년이나 가족 독서를 지속할 수 있었던 이유가 무엇인지 물어봤습니다. "태어나 보니 책을 좋아하는 엄마 아빠가 있었고, 걷게 될 무렵 도서관이라는 곳에 걸어갔고, 언제

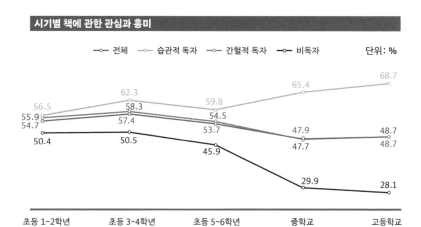

─○─ 전체 ─○─ 습관적 독자 ─○─ 간헐적 독자 ─○─ 비독자 　　단위: %

68.7
65.4
62.3
59.8
56.5
58.3
55.9
54.7　　57.4　　54.5
53.7　　47.9　　48.7
50.4　　50.5　　　　47.7　　48.7
45.9
29.9　　28.1

초등 1~2학년　　초등 3~4학년　　초등 5~6학년　　중학교　　고등학교

출처: 청소년책의해네트워크(2020년)

나 눈을 뜨면 곳곳에 책이 있어서 책을 읽었어요."라고 했습니다. 네, 그렇습니다. 아이의 독서 습관은 선생님이나 학원이 만들어줄 수 있는 영역이 아닙니다. 오직 함께 사는 사람만이 이끌어줄 수 있습니다. 책 읽는 환경만이 아이의 독서 습관을 만들고 아이의 독서를 지속시킬 수 있습니다.

문화체육관광부가 주관하는 '책의 해' 사업에 관해 들어보셨나요? 2018년부터 해마다 특정 부문·계층별로 '책의 해'를 추진하고 있는데, 2020년에는 '청소년 책의 해' 사업을 펼쳤습니다. 당시 전국 중1부터 고2까지의 청소년 1,120명을 대상으로 진행한 독서 실태 조사 결과를 보면, 한 달에 1권 이상 책을 읽는 '습관적 독자'가 4명 중 1명이었습니다. 책에 관한 관심과 흥미 정도는 초등 3~4학년이었을 때 가장 높았다가 점차 낮아지는 경향을 보였습니다. 다만 습관적 독자는 초등학교 시기보다 중·고교 시기에 관심도가 오히려 더 높아졌고, 반대로 비독자는 내림세가 뚜렷하게 나타났습니다. 청소년의 독서에 가장 큰 영향을 미치는 이로는 부모가 35.4%로, 11.2%인 교사보다 3배 이상 높았습니다. 독서 장애 요인으로는 '책 읽는 습관이 들지 않아서'가 49.4%로 가장 높았습니다.

우리 가족이 세운 가족 독서의 목표는 가족 구성원 모두 '습관적 독자 되기'입니다. 미취학에서 초등 저학년에는 열심히 읽다가 독서를 중단해 초등 고학년 이후 비독자가 되는 것이 아니라, 책 읽는 습관이 몸에 붙은 '읽는 사람'이 되는 것입니다. 책에 관한 관심도는 초등 3~4학년에 최고점을 찍고 그 이후에 낮아집니다. 이때 가족 독서에 위기가 찾아오지요. 그럴 땐 억지로 읽게 하기보다 양육자가 돌아가며 하루 한 시간 책을 읽어주세요. 가라고 하지 않아도 도서관에 가고 읽으라고 하지 않았는데도 읽는 자발적, 습관적 독자가 되기까지, 기다리고 읽어주면서 아이를 이끌어주어야 합니다.

가족 독서를 지속하도록 도와주는 책들

가족 독서를 시작한 지 1년이 지났을 무렵, 집에서 아이에게 책을 읽어주면서 가족 전체가 조금씩 변해가는 것이 좋아 인근 초등학교 문을 두드려 '책 읽어주는 엄마' 봉사자가 되었습니다. 큰아이가 초등 1학년일 때 시작해 8년간 지속했으니 꽤 오래 활동했지요. 큰 아이가 중학생이 되면서 중학교에서도 '책 읽어주는 엄마' 봉사자로 양쪽 학교를 오가며 활동한 적도 있습니다. 우리 집 아이들뿐만 아니라 많은 아이와 책으로 만나면서, 책 읽어주는 걸 싫어하는 아이는 없구나, 모든 아이를 책 좋아하는 아이로 만들 수 있겠구나 하는 희망을 느끼기도 했습니다. 그러기 위해 부단히 연구해야겠다고 다짐하기도 했고요. '책 읽는 엄마' 봉사를 시작할 때부터 다른 봉사자들과 함께 책모임을 꾸렸습니다. 10년 이상 모임을 한 셈이지요.

우리 가족끼리만 가족 독서를 했다면 13년이나 지속하지는 못했을 겁니다. 학교에서 '책 읽어주는 엄마' 봉사도 하고, 다른 봉사자들과 책모임을 했기에 가족 독서를 지속할 수 있었습니다. 오랜 시간 가족 독서를 진행하느라 고군분투해 온 사람들과 서로 지친 마음을 나누고 다시 힘내기를 반복한 덕분에 지금껏 이어올 수 있었습니다. 그러니 가족 독서를 지속하기 위해서라도 '책 읽어주는 엄마'와 같은 봉사를 시작하고, 책 읽어주는 엄마들과 '책모임'을 만들어 운영해 보시기를 권합니다.

'책 읽어주는 엄마' 봉사를 하면 좋은 점은, 교실 전체에 책 읽는 분위기가 갖추어진다는 것입니다. 아침 등교 후 1교시 전 15분 동안 반 아이들 모두에게 책을 읽어주는 시간이 쌓여 교실을 책 읽는 곳으로 만듭니다. 서른 명 교실에 한두 명, 쉬는 시간에 책 읽는 아이들이 마음껏 책을 읽을 수 있고(쉬는 시간에 책을 꺼내면 책벌레라고

오늘, 가족 독서를 시작합니다

놀림받을까 봐 읽고 싶어도 못 읽는 아이들이 있습니다.), 학교 도서관을 자발적으로 이용하는 아이들이 생깁니다.

'책 읽어주는 엄마'들이 책모임을 하면 좋은 점은, 학교 전체에 책 읽는 분위기가 갖추어진다는 것입니다. 모임 차원에서 책과 관련하여 여러 행사를 제안해 볼 수 있습니다. 여름방학과 겨울방학 때 저학년과 고학년을 나누어 각각 3일간 독서 캠프를 진행한 적이 있습니다. 전체 프로그램을 기획하고, 작가를 초빙하고, 여럿이라야 할 수 있는 독후 게임을 만들어서 운영해 본 경험은 잊지 못할 추억이 되었습니다. 이러한 경험이 모이면 지역 공동체 전체에 책 읽는 분위기가 갖추어질 수 있습니다. 놀이터에서 놀다가 가방에서 책을 꺼내 읽으며 잠시 쉬는 아이의 모습이 자연스러워집니다.

여건상 '책 읽어주는 엄마' 활동이 어렵다고 해도 방법이 있습니다. 요즘에는 온라인으로도 양육자 책모임에 참여할 수 있습니다. 비대면 모임의 활성화로 책모임 방식이 더욱 다양해졌습니다. 예를 들어, 단체 채팅방을 만들어 함께 읽기 시간을 갖거나 비대면 화상회의 툴을 활용하여 책모임을 할 수 있습니다. 이러한 온라인 책모임은 시간과 공간의 제약을 받지 않고 참여할 수 있다는 이점이 있습니다.

또래 아이를 키우는 엄마들과 책모임을 해서 무엇보다 좋은 점은 '우리 집 아이들만 이렇게 나를 힘들게 하는 게 아니었구나.'라는 위안이겠지요. 가족 독서를 진행하면서 받았던 스트레스를 털어놓고 함께 대안을 고민할 동료가 있다는 건 굉장한 힘이 됩니다.

《그림책의 이해》, 김세희·현은자 글, 사계절.
《그림책, 한국의 작가들》, 김지은·이상희·최현미·한미화 글, 시공주니어.
《아이를 읽는다는 것》, 한미화 글, 어크로스.
《성장을 위한 책 읽기》, 안광복 글, ㈜학교도서관저널.

    책모임에서 함께 읽은 책 중 도움이 되었던 책을 소개합니다. 김세희, 현은자의 《그림책의 이해》는 총 두 권으로 이루어진 그림책 개론서입니다. 그림책의 태동과 역사에서부터 판타지, 사실주의 등 그림책의 성격, 옛이야기 그림책과 정보 그림책 등 그림책의 종류, 세계의 그림책 작가를 비롯한 그림책의 모든 것을 다룹니다. 책 읽어주는 엄마 봉사자들과 책모임을 꾸리면서 그림책 공부를 시작했고, 교과서가 될 만한 책을 찾다가 책모임의 첫 교과서로 선택한 책이 바로 이 책입니다. 1년 동안 두 권의 책을 꼼꼼하게 읽으면서 책에서 소개하는 그림책 작가를 공부하고 책 속의 그림책을 찾아 읽어보았습니다. 잘 만들어진 개론서를 충실하게 좇아가며 책모임 구성원 모두가 '그림책 전문가'로 거듭나는 경험을 했습니다.

    김지은, 이상희, 최현미, 한미화 공저 《그림책, 한국의 작가들》은 책모임에서 선정한 두 번째 교과서입니다. 이 책의 목차에는 고경숙부터 홍성찬까지 29명의 한국 그림책 작가 이름이 가나다순으로 소개되어 있습니다. 작가별 대표 그림책과 작품 세계, 작업실과 창작 과정을 보여줍니다. 책모임 구성원들이 돌아가며 한 주에 한 명씩, 29명 중 그 주의 작가를 정해 전작을 읽고 감상을 나누었던 경험은 한국의 그림책을 넓고 깊게 읽는 토대가 되었습니다.

어린이문학 읽기에서 교과서가 되어주었던 책은 한미화의 《아이를 읽는다는 것》입니다. 이 책은 초등 중학년, 막 십 대에 들어선 아이들의 마음을 읽어주는 어린이·청소년 문학 작품 40권을 소개합니다. 40권의 어린이문학을 책모임 구성원들과 먼저 읽고 가족 독서 시간에 소개해 함께 읽은 경험은 그림책 읽어주기에서 자연스레 줄글 책 읽기로 넘어가는 계기가 되어주었습니다.

줄글 책 읽기는 가족 독서에 새로운 활기를 불어넣었습니다. 초등 3~4학년의 아이들은 초등 고학년이나 중학생이 되면 자신에게 어떤 변화가 생길지 궁금해합니다. 이를테면 《안녕하세요, 하느님? 저 마거릿이에요》 속 초등 6학년 마거릿이 사춘기 몸의 변화를 맞닥뜨리며 고민할 때, 《어쩌다 중학생 같은 걸 하고 있을까》 속 중학교 2학년 스미레가 겉으로는 착하고 성실해 보이지만 마음속 깊이 폭풍 같은 감정의 기복을 느끼며 성장통을 앓고 있을 때, 아이는 책 속 주인공의 여정을 따라가며 다가올 미래의 자신과 대화를 나누는 진귀한 경험을 했지요. 아이와 함께 읽으며 어른 독자인 양육자 역시 초등 6학년 때나 중학교 2학년 당시에는 미처 몰랐던 진짜 내면의 아이를 만나는 소중한 기회를 얻었답니다.

영유아기 자녀가 초등 저·중학년이 되기까지 4~5년 동안 가족 독서를 지속하던 가족이 무릎을 탁 치는 순간이 있습니다. "아이들에게 책을 5년이나 읽어주었는데, 모두 문학책이었네!" 하는 순간이지요. 그림책에서부터 옛이야기, 어린이문학에 이르기까지 아이가 한글을 떼고 읽기 독립의 목표를 이루고 재미있는 이야기책의 독자가 되었지만, 어느 순간 정신을 차리고 그동안 읽어주었던 책 목록을 훑어보니 문학을 편독하고 있더라는 이야기는 책 읽어주는 양육자들이 자주 주고받는 화제입니다. 양육자들과 책모임을 하면 이런 점이 좋습니다. 아이의 독서 습관을 놓치지 않고 점검해 볼 수 있지요.

우리 집 두 아이는 읽기 취향이 확고했습니다. 큰아이는 일곱 살 무렵에 그림보다 실물 사진에 더 관심을 보이더니, 초등학생이 되어서 책은 비문학·논픽션·지식책을, 영상은 다큐멘터리를 선호했습니다. 세 살이던 작은아이에게 그림책을 읽어주면 곧잘 집중하여 듣고 초등 저학년에 어린이문학의 독자가 되었지만, 초등 중학년이 되어도 백과사전이나 도감은 거들떠보지 않았습니다. 그리하여 우리 집 거실에는 그림책과 도감, 이야기책과 지식책이 늘 섞여 있었습니다. 작은아이에게 그림책을 읽어줄 때 곁에 있던 큰아이가 듣고, 큰아이가 사전을 들여다볼 때 작은아이가 옆에서 함께 보는 것이 서로에게 도움이 되었습니다. 우리 아이를 문학과 비문학의 균형이 잡힌 독자로 성장시키기 위해 가족 독서를 시작할 때부터 이야기책을 선호하는 아이라도 지식책을 깔아두고, 반대로 지식책을 선호하는 아이에게 이야기책도 읽어주시기를 권합니다.

큰아이가 초등 고학년일 때, '철학교사 안광복이 고른 청소년 책'이라는 부제를 단 《성장을 위한 책 읽기》를 교과서 삼아 가족 독서를 했습니다. 이야기책 읽기로 독서 습관이 형성되었다면, (이전에 비문학 독서의 경험이 전혀 없더라도) 역사나 철학으로 독서 영역을 넓혀볼 만합니다. 이 책의 저자는 책 읽기가 어려운 청소년에게 "이야기가 재밌는 문학에서 역사로, 철학으로 책 읽는 단계를 성장시켜 나가는 것이 책 읽기에 흥미를 가지기 좋으며, 그 후에는 자신의 관심 분야의 책들을 두루 섭렵해 나가는 것이 좋다."라고 청소년기의 독서 방법을 제시합니다. 《성장을 위한 책 읽기》를 교과서 삼아 52권의 청소년 책을 문학-역사-철학-사회-과학-생활-예술 등 순서대로 읽으면서 독서 영역이 확장되는 체험을 직접 해보시기를 바랍니다.

활동 1. 가족 독서 계획하기

월간 우리 가족 도서관 가는 날 정하기

❶ 우리 가족은 매주 ____ 요일 ____ 시에 온 가족이 함께 도서관에 갑니다.

월	화	수	목	금	토	일

- 온 가족이 함께 모여 회의를 통해 가족 독서 계획을 작성합니다.
- 도서관에 가는 요일과 시간을 정하고, 달력에 표시합니다.
- 도서관에 가기 전날까지 빌리고 싶은 책의 목록을 작성하여 공유합니다.

오늘, 가족 독서를 시작합니다

주간 우리 가족 책 이야기 나누는 시간과 약속 정하기

❶ 우리 가족은 매주 ____ 요일 ____ 시에 온 가족이 함께 독서 토론을 합니다.

월	
화	
수	
목	
금	
토	
일	

1. 독서 토론 전
- 함께 읽은 책, 혹은 각자 읽은 책으로 주제 도서를 정합니다.
- 독서 토론을 하기 좋은 장소를 정합니다. 차와 간식을 곁들이면 더욱 좋겠지요.

2. 독서 토론 중
- 지난 한 주 동안 어떻게 지냈는지 일상을 나눕니다.
- 책 속 인상 깊은 구절을 소리 내어 읽고 인상 깊었던 이유를 나눕니다.
- 내가 작가라고 상상하고 집필 의도를 이야기합니다.
- 책과 연관해서 지금 나에게 일어나고 있는 일들에 관해 이야기합니다.
- 자유롭게 질문을 주고받습니다.

3. 우리 가족의 약속
- 가족 구성원 모두가 돌아가면서 이야기합니다.
- 옳고 그른 것은 없습니다. 생각한 대로, 느낀 대로 이야기를 나누고 서로를 존중합니다.

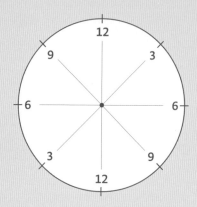

❶ 우리 가족은 매주 ＿＿＿ 요일 ＿＿＿ 시에 책을 읽습니다.

- 책 읽는 시간에는 텔레비전과 스마트폰을 보지 않습니다.
- 거실에 모여 각자 또는 함께 고른 책을 조용히 읽습니다.

❷ 우리 가족은 매주 ＿＿＿ 요일 ＿＿＿ 시에 책을 읽어줍니다.

- 아이가 고른 책을 읽어줍니다. 예를 들어, 월·수·금요일에는 주양육자
  가 읽어주고, 화·목요일에는 부양육자가 읽어줍니다.
- 양육자가 고른 책을 읽어줍니다. 아이 수준보다 조금 높지만 꼭 읽어
  주고 싶은 책으로 고릅니다. 예를 들어, 토요일에는 양육자가 고른 책
  을 읽어줍니다.

오늘, 가족 독서를 시작합니다

우리 가족의 서가 만들기

- '우리 가족 이달의 작가'를 선정합니다.
- 예를 들어 '로알드 달'을 이달의 작가로 선정했다면, 전작 목록을 만들어 1개월 혹은 2~3개월 동안 읽어봅니다. 로알드 달의 작품으로 만든 영화를 가족이 함께 시청합니다.
- 가족 구성원들 각자가 정한 최고의 책을 모아놓고, 그 책을 선정한 이유를 설명하는 시간을 가져도 좋습니다.
- 우리 집 책장에 '가족 서가'를 만들어 선정된 책을 진열합니다.

날짜	책 제목	추천인	이유

2부

———————

가족 독서 어떻게 읽을까?

Chapter 1

그림책
읽어주기

영유아기는 육아 기간을 통틀어 가장 어려운 시기입니다. 말 못하는 아이의 마음을 읽어내야 하니까요. 이 시기에 그림책이 양육자와 아이 사이 지혜로운 처방전이 되어줍니다. 감정 그림책으로 아이의 마음을 읽고 아이가 감정을 표현할 수 있도록 이끌 수 있습니다. 가족 그림책으로 가족 구성원 간 사랑을 표현할 수 있습니다. 우정 그림책으로 친구 사귀는 법과 좋은 친구가 되는 법을 배울 수 있습니다. 성장 그림책으로 삶 속에서 어려움을 맞닥뜨리고 이겨내는 과정을 간접 체험할 수도 있지요. 양육자와 아이가 함께 그림책 속 아름다운 그림을 보는 시간과 그림책 속 진실한 글이 양육자의 목소리를 통해 아이에게 전해지는 시간은 그 자체로 소중합니다.

일곱 살, 세 살이던 두 아이가 아홉 살, 다섯 살이 되기까지 3년 동안 매일 밤 잠자리에서 그림책을 읽어주었습니다. 여러 그림책을 읽어주면서, 엄마는 처음이라 서툴러서 받아들이기 어렵기만 했던 아이들의 감정 표현을 탁 하고 깨닫게 되는 순간들이 있었습니다. 함께 그림책을 읽고 대화를 나누는 것만으로 가족 구성원 간 많은 문제를 해결할 수 있다는 걸 알게 되었습니다. 그렇게 되도록 도와준 고마운 책들을 소개합니다. 가족 독서, 그림책 읽어주기로 시작해 보시지요.

아이의 마음을 헤아리는 '감정 그림책' 읽어주기

아이의 몸이 자라는 만큼 아이의 마음도 자랍니다. 영유아기를 지나는 아이들도 여러 감정을 느낍니다. 하지만 제대로 표현할 줄 모르기 때문에 양육자는 혼란스럽습니다. 공감 능력이 부족한 데다 동생도 없어서 아이를 돌본 경험이 전혀 없는 저는 두 아이를 낳고 생애 최초로 육아를 경험하며 더 어려움을 느꼈던 것 같습니다. 돌이 안 된 갓난아기가 밤새 울음을 그치지 않을 때의 막막함과 무력감을 지금도 기억합니다. 이제 막 꼬물거리는 어린 동생을 보고 "동생이 없어졌으면 좋겠어!"라고 말하던 큰아이를 몰아세웠던 날을 잊지 못합니다. 하루 일과를 마치고 지친 몸으로 쓰러져 있던 저에게 "엄마가 없었으면 좋겠어!"라고 말하던 일곱 살 큰아이의 마음을 헤아리기 어려웠음을 고백합니다.

아이의 마음을 몰랐기에 혼란스러웠고, 그래서 육아에 자신이 없었던 제가 그림책의 세계를 만난 건 정말이지 다행이었습니다. 저처럼 육아가 어려운 분들께 도서관에 있는 그림책을 전부 빌려와 아이와 함께 읽어보시라고 권하고 싶습니다. 하지만 직장에 다니느라 하루 15분 그림책 한 권을 읽어주기도 벅찬 양육자라면, '감정 그림책'으로 아이의 마음을 헤아려 보시기를 권합니다.

《우리는 언제나 다시 만나》는 아이가 분리 불안을 느낄 때 어떻게 행동하는지 따뜻한 그림과 함께 섬세한 글로 보여줍니다. 아이의 낯가림은 생후 6개월부터 시작되지요. '화장실이 급한데 아기가 잠시도 떨어져 있지를 못해 아기를 안고서 볼일을 보았다.', '아기를 업고서 쓰레기 분리수거를 했다.' 등은 이 무렵의 아이를 키워본 양육자들이라면 흔히 나누는 말입니다. 돌 즈음의 아기는 주양육자가 자신의 시야를 벗어나면 세상에 그가 존재하지 않는다고 느낍니다. 그러니 아이는 두렵고 무서워서 울음보를 터뜨립니다. 잠깐 쓰레기 봉투를 버리고 온 사이에 두 돌 된 아이가 엉엉 울고 있는 걸 목격한 적이 있습니다. 아이는 5분이 채 안 되는 짧은 시간 동안 주양육자의 부재를 세상이 무너진 듯한 공포와 상실로 경험한 것이지요.

그렇다고 주양육자와 아이가 한시도 떨어지지 않고 붙어 있을 수는 없습니다. 그러면 어떻게 해야 할까요?《우리는 언제나 다시 만나》가 지혜로운 해답을 선사합니다. 아이를 홀로 두고 화장실에 들어가기 전에 "○○아, 엄마가 화장실에 갔다가 곧 돌아올 거야.

《우리는 언제나 다시 만나》, 윤여림 글, 안녕달 그림, 위즈덤하우스.
《내 동생 싸게 팔아요》, 임정자 글, 김영수 그림, 미래엔아이세움.
《나는 둘째입니다》, 정윤정 글·그림, 시공주니어.

○○이 기다릴 수 있지? 우리는 언제나 다시 만나."라고 먼저 알려주는 거예요. 쓰레기를 버리러 갈 때도 "○○아, 엄마가 쓰레기를 버리고 돌아올 거야. 현관문을 열고 엘리베이터를 타고 내려가서 1층 쓰레기장에 버리고 나서 바로 엘리베이터를 타고 올라올 거야. 그동안 기다려줄 수 있지? 우리는 언제나 다시 만나."라고 알려주는 거지요. 어느덧 아이가 자라 어린이집이나 유치원에 다니게 되면 주양육자의 마음은 심란해집니다. 이 작은 아이가 과연 양육자와 떨어져 단체 생활을 할 수 있을까, 생애 최초로 경험하는 사회생활에 적응할 수 있을까 걱정스럽습니다.

어린이집이나 유치원에 가기 전에 아이에게 몇 시에 가고 얼마나 있으면 양육자가 데리러 오는지 자세히 알려주세요. 시계를 보면서 연습해 보세요. "○○아, 아침 10시, 그러니까 작은 바늘이 숫자 10을 가리킬 때, 엄마는 ○○이를 유치원에 데려다줄 거야. 그리고 12시, 그러니까 작은 바늘이 숫자 12를 가리킬 때, 엄마가 유치원 문 앞에서 ○○이를 기다릴 거야. 그동안 친구들과 선생님과 함께 있을 수 있지? 우리는 언제나 다시 만나."라고 알려주는 거예요. 1, 2주 정도 적응하는 동안 약속한 시간에 양육자가 반드시 온다는 믿음이 생기면, 아이는 마음 놓고 단체 생활을 이어갈 거예요. 혹시라도 급한 일이 생겨서 아이와 약속한 시각을 지킬 수 없을 때는 꼭 전화를 걸어 아이에게 알려주어야 해요.

두 자녀 이상일 때 동생이 태어난 순간부터 형제자매 사이가 좋은 경우는 극히 드뭅니다. 아이로서는 동생이 생긴 건 기쁜 일이 아니지요. 동생을 미워하고 괴롭히는 아이를 말리는 데 에너지를 쏟아야 하는 때가 있어요. 터울이 크면 그나마 조금 낫긴 하지만, 대부분은 큰아이도 엄마의 사랑을 갈구하는 영유아기의 아이여서 동생이 생긴 게 아주 끔찍한 일일 거예요. 동생이 생겼을 때 큰아이가 받는 스트레스는 양육자의 상상을 초월한다고 합니다. 실제로 부부 사이에서 배우자가 외도했을 때 받는 충격보다 더 크다고 알려져 있어요.

하지만 어른들은 막 동생이 생긴 아이의 마음을 몰라주고 "동생을 예뻐해야지.", "동생을 돌봐줘야지."라면서 의무를 안기고, "네가 모범이 되어야지."라면서 부담을 주지요. 동생이 생겼지만 아직 어린아이인데, 동생에게 엄마를 내준 것도 분하고 관심과 애정을 빼앗긴 것도 억울한데, 갑자기 생긴 의무와 부담까지 더해 동생이 더

더욱 미울 수밖에요. 정말이지 동생을 싸게 팔아버리고 싶은 심정일 겁니다.

동생이 생길 아이에게 《내 동생 싸게 팔아요》를 읽어주세요. 동생을 만나기 전에 미리 마음의 준비를 하면 좋겠지요. 동생이 태어나고 나서 당분간은 큰아이 위주의 육아를 이어가세요. "엄마는 우리 ○○이가 최고야.", "엄마는 우리 ○○이밖에 없어."라고 하면, 큰아이가 오히려 "엄마가 동생을 예뻐해야지!"라고 말할지도 몰라요. "그런가? ○○이 말을 들으니까 조금 예쁜 것 같기도 하네."라고 반응하면서, 큰아이가 서서히 동생과 가까워질 수 있도록 기다려주세요. 《내 동생 싸게 팔아요》 속 누나인 짱짱이도 동생이 미워서 속을 끓이다가 점점 동생이 좋아져서 나중에는 이렇게 말해요. "내 동생 안 팔아요!"

개인심리학의 창시자이자 정신의학자인 알프레트 아들러는 아이의 출생 순위가 성격과 인성 발달의 중요한 요인이 된다고 했습니다. 둘째들도 출생 순위가 만들어내는 심리적 환경에서 벗어나 자유로울 수 없습니다. 나만 사랑을 덜 받는 것 같고, 내 것만 없는 것 같고, 나만 빼고 나머지 가족만 친한 것 같다고 느낍니다. 외로움과 소외감은 아이가 감당하기 힘든 감정이지요. 이런 감정을 오랜 시간 방치하면 어른이 되어서도 삶에 영향을 받습니다. 아이 중 외로움을 느끼는 아이가 있는지, 소외감을 느끼고 있지는 않은지 양육자가 더욱 신경을 써야 합니다.

《나는 둘째입니다》는 둘째를 위한 그림책입니다. 두 아이를 키

《엄마는 회사에서 내 생각 해?》, 김영진 글·그림, 길벗어린이.
《아빠는 회사에서 내 생각 해?》, 김영진 글·그림, 길벗어린이.

우면서 저 역시 나름대로 애를 많이 쓴 것 같은데, 도서관에서 이 책을 빌려본 네 살 작은아이가 마음에 남는 게 있었는지 이 책을 꼭 사달라고 하더라고요. 그날 이후 저는 장유유서의 원칙을 따르지 않고 순서를 바꿔가며 두 아이를 챙기고 있습니다. 큰아이를 작은아이처럼, 작은아이를 큰아이처럼 대하자는 목표를 세우고 실천에 옮기고 있습니다.

　김영진 그림책 《엄마는 회사에서 내 생각 해?》와 《아빠는 회사에서 내 생각 해?》는 양육자와 함께하는 시간이 부족한 아이에게 꼭 읽어주어야 하는 책입니다. 두 권 중 《아빠는 회사에서 내 생각 해?》를 중심으로 이야기하겠습니다. (가족에 따라 두 권 중 한 권을 선택하거나 두 권 전부를 읽어주면 되겠지요.) 우리나라는 OECD 국가 중 중남미 일부 국가를 제외하고 가장 노동 시간이 긴 나라로 알려져 있습니다. 주중에 열심히 일한 아빠는 주말에는 종일 자거나 스마트폰을 들여다보는 걸로 체력을 충전합니다. 이런 모습이 아이들의 눈에 좋게 보일 리 없습니다.

큰아이가 중학생이었을 때 일입니다. 집에 큰아이 친구들이 놀러 와서 한 무리의 아이들이 거실을 장악했습니다. 아이들끼리 편하게 놀으라고 저는 안방에서 숨죽이고 있었어요. 얼마 지나지 않아 아이들이 돌아가면서 '아빠 욕'을 하기 시작했습니다. 없는 사람인 척하며 안방에서 그 말들을 듣는 동안 마음이 몹시 불편했습니다. 아이들이 모두 집으로 돌아가고 나서 큰아이에게 물었어요. "친구들이 자기 아빠 욕을 하는 이유가 있니? 엄마가 들어보니까 그렇게 욕 들을 분들은 아닌 것 같던데?" 그랬더니 아이는 곰곰이 생각하고 나서 이렇게 대답했습니다. "아빠가 뭘 잘못해서 욕하는 게 아니에요. 친구들 아빠들이 너무 바쁘시니까, 평소에 함께 시간을 보낼 기회도 없는데 가끔 볼 때마다 잔소리하시니까 그러는 거예요."

그때 깨달았습니다. 함께하는 시간이 너무 적은 상황에서 단지 부모라는 이유로 잔소리하면 오히려 역효과라는 것을요. 아무리 부모라도 함께 보낸 시간이 부족하다면 남과 다를 바 없다는 사실을 알게 되었습니다. 하지만 가족을 위해 오랜 시간 동안 일하는 아버지들에게는 너무나 가혹한 일이 아닐 수 없습니다. 그래서 저는 미취학이나 초등 저학년 자녀를 둔 아버지들께 꼭 부탁드립니다. "《아빠는 회사에서 내 생각 해?》를 직접 읽어주세요."라고요. 책은 같은 시간대, 서로 다른 아빠와 아이의 일상을 번갈아 보여줍니다. 책장을 넘기면 왼쪽에는 아빠의 일상이, 오른쪽에는 아이의 일상이 펼쳐집니다. 예를 들어, 오전 시간에 아빠가 회사에서 일하는 장면과 아이가 유치원에서 친구와 놀고 있는 장면을 양쪽에 배치해 한눈에 볼 수 있어요.

책을 읽어주실 때, "아빠가 일할 때 우리 ○○이는 유치원에서 친구들하고 놀고 있구나. 아빠는 회사에서 ○○이 생각하는데, ○○이는 유치원에서 아빠 생각해?"라고 물어봐 주세요. 책을 여러 번 읽어주었다면 실행으로 옮겨야 합니다. 아이가 초등학교 저학년일 때가 딱 좋습니다. 아이에게 다리 힘도 있고, 아빠가 무슨 일을 하는지 조금은 이해할 수 있는 시기이기 때문입니다. 평일 하루 휴가를 내어 아이와 함께 출근하는 거예요. 아침에 일어나 버스나 전철을 타고 회사까지 가는 여정을 함께하는 거지요. 회사에 도착해서 함께 일하는 동료분들께 아이 소개도 해주시고, 아빠가 일하는 자리도 보여주세요. (아빠 자리에 아이 사진이 여러 장 붙어있으면 더욱 좋아요!) "아빠는 여기서 일하면서 우리 ○○이 생각하지. 매일 생각해."라고 속삭여 주세요. 점심시간에 밥도 함께 먹고요. "오늘 우리 ○○이 좋아하는 비빔밥이 나왔네. 평소에도 ○○이가 좋아하는 반찬 나오면 우리 ○○이랑 먹으면 더 맛있을 텐데 하면서 먹어, 아빠는." 이라고 속마음을 말해주세요.

하루를 꼬박 아이와 함께 시간을 보내고 나서 퇴근길 여정도 함께하세요. "아빠는 6시에 일을 마쳐야 하는데, 꼭 6시에 끝나는 건 아니야. 우리 ○○이랑 저녁을 함께 먹을 수 있으면 좋겠지만 그걸 못 해서 늘 안타까워."라고 진심을 말해주세요. "아빠가 아무리 일찍 오려고 해도 집에 도착하면 10시가 넘네. 그래도 우리 ○○이 자는 모습을 보면 아빠는 좋아." 온종일 바쁘지만 매 순간 아이를 생각하는 아빠의 진심을 아이가 알게 된다면, 그 마음을 간직한 채로 자란다면, 어릴 적 아빠와 함께한 하루를 생각하며 사랑과 감사를 느끼겠지요.

가족 구성원을 잇는 '가족 그림책' 읽어주기

。

가족이란 무엇일까요? 우리 주변에는 엄마와 아빠 그리고 그 사이에서 태어난 아이들로 이루어진 전통적인 가족 형태를 넘어 매우 다양한 가족들이 있습니다. 다양한 가족의 형태와 더불어 진정한 가족의 의미를 어떻게 아이의 눈높이에 맞춰 설명해 줄 수 있을까요? 다비드 칼리가 글을 쓰고 마르코 소마가 그림을 그린 《나도 가족일까?》는 서로 닮지 않아도, 각자 달라도 조화를 이루며 함께 살아가는 사람들이 바로 가족임을 보여줍니다.

《나도 가족일까?》에는 숱한 시도에도 오랫동안 아이가 생기지 않는 부부가 나옵니다. 이들 부부는 어느 날 늪에서 선물과도 같은 아이를 만나게 됩니다. 보리스라고 이름을 불러주며 아이의 부모가 되지요. 보리스에게는 부부와 달리 물고기처럼 비늘이 있었어요. 보리스는 학교에 다니고 친구도 사귀며 잘 자랍니다. 하지만 자

《나도 가족일까?》, 다비드 칼리 글, 마르코 소마 그림, 김경연 옮김, 풀빛.
《너는 기적이야》, 최숙희 글·그림, 책읽는곰.
《언제까지나 너를 사랑해》, 로버트 먼치 글, 안토니 루이스 그림, 김숙 옮김, 북뱅크.
《엄마 마중》, 이태준 글, 김동성 그림, 보림.
《리디아의 정원》, 사라 스튜어트 글, 데이비드 스몰 그림, 이복희 옮김, 시공주니어.

기와 똑같은 사람이 없다고 느끼며 정체성의 혼란을 겪습니다. 어
느 날 보리스는 익숙한 늪의 냄새를 맡고 그 냄새를 따라갑니다. 늪
에서 자신과 비슷한 이들을 만나고 진짜 가족을 찾았다며 좋아하
지요. 하지만 곧 그들 역시 자신과 다르다는 사실을 깨닫습니다. 절
망을 느끼며 늪의 바닥에서 길을 잃고 헤매던 보리스는 부모님이

보낸 편지들을 발견합니다. 보리스는 "네가 지금 있는 곳에서 행복하다면, 우리도 행복하단다."라고 쓰인 편지를 읽고 다시 집으로 돌아갑니다. 《나도 가족일까?》를 읽으면서 가족이란 비슷해서 사랑하는 사이가 아니라 사랑해서 비슷해지는 사이가 아닐까 생각했습니다. 가족 구성원 간 다름을 존중하며 행복을 바라고 서로를 위하는 마음이 진정한 사랑이 아닐까 말이지요.

얼마나 자주 아이에게 사랑을 표현하시나요? "사랑해"라는 말을 자주 하는 양육자도 많으시겠지만, 저처럼 사랑 표현을 제대로 하지 못하는 분도 적지 않을 것 같습니다. 애정이 없어서가 아니라 어색해서 표현을 못 하는 거지요. 영유아기 아이들에게 따뜻한 말 한마디는 몸에 좋은 음식만큼이나 중요합니다. 저는 이 중요한 걸 못해서 가족 그림책 읽어주기로 대신했습니다. 《너는 기적이야》와 《언제까지나 너를 사랑해》를 읽어주며 아이들에게 제 마음을 전했어요. 큰아이 일곱 살, 작은아이 세 살이었을 때 일 년 동안, 이 두 권의 책이 우리 집 자장가가 되어주었습니다. 이부자리 머리맡에는 항상 이 책들이 있었고, 아이들은 매일 밤 두 권의 책을 읽고 엄마의 사랑을 확인하고 나서야 잠들었답니다.

《너는 기적이야》는 아이가 태어나 자라는 동안 만나게 되는 기적 같은 순간들을 포착해 보여줍니다. 처음 엄마라고 불러준 그 순간, 보석같이 빛나는 첫 이가 돋던 날, 처음으로 걸음마를 떼던 날… 아이는 모르지만 양육자는 기억하는 그 기적 같은 순간들을 다시금 상기시킵니다. 훗날 아이에게 그때의 이야기를 들려준다면 아이는 자신에게 일어났던 신비로운 일들을 상상하며 스스로를 더욱 아끼게 되겠지요.

《언제까지나 너를 사랑해》는 모자 또는 모녀간의 일대기를 보여주는 작품입니다. 표지에 있는 갓난아기가 두 번째 장을 넘기면 두 살, 네 번째 장을 넘기면 아홉 살, 여섯 번째 장을 넘기면 십대 소년이 되어 있습니다. 마지막 장을 넘기면 갓난아이를 안은 아버지가 되어 있어요.

이 책의 저자 로버트 먼치는 유치원 교사라는 자신의 직업 특성을 살려 아이의 발달 단계에 맞는 특징을 섬세하게 묘사했습니다. 또한 한 장면에 그 시기의 아이를 키우는 양육자의 고충을 동시에 보여줍니다. 예를 들어, 두 살 아이는 온 집안을 엉망으로 만듭니다. 서랍에 있는 물건을 몽땅 끄집어내 거실을 난장판으로 만들고, 엄마가 소중하게 여기는 물건들을 망가뜨립니다. 그러면 엄마는 소리치지요. "이 아이 때문에 내가 미쳐버릴 것만 같아!"라고요. 하지만 곧 "너를 사랑해 언제까지나 / 너를 사랑해 어떤 일이 닥쳐도 / 내가 살아있는 한 / 너는 늘 나의 귀여운 아기"라고 덧붙입니다.

아이는 아홉 살이 되고 십 대가 되어도, 심지어 어른이 되어서도 말썽을 부립니다. 아들은 항상 말썽을 부리고 엄마는 소리치는 장면이 반복돼요. 하지만 매 장면 끄트머리에서 "너를 사랑해 언제까지나 / 너를 사랑해 어떤 일이 닥쳐도 / 내가 살아있는 한 / 너는 늘 나의 귀여운 아기"라고 말하기를 잊지 않습니다. 아이가 말썽을 부리고 실수를 연발해도 끝끝내 자신을 사랑해 줄 사람이 있다는 사실을 안다면, 그 사람이 지금 이 책을 읽어주는 사람, 바로 양육자라는 걸 깨닫는다면, 아이의 마음은 사랑으로 충만해지겠지요.

우리 아이들이 너무너무 좋아하는 이 두 권의 그림책을 초등학교 2학년 교실에서 읽어준 적이 있습니다. 《너는 기적이야》를 읽어줄 때는 오글거린다며 딴청을 피우고 《언제까지나 너를 사랑해》를 읽어줄 때는 의심스럽다는 듯 고개를 절레절레 흔드는 반응을 보이던 아이가 몇 명 있었습니다. 이유를 물어봤어요. "(우리 엄마는) 아닐걸요?" 하는 아이에게 "왜 그렇게 생각하니?"라고 물었더니, "우리 엄마는 우리 형만 사랑해요."라는 대답이 돌아왔습니다. "아닐걸?"이라고 되묻자, 그 아이는 자기는 공부도 못하고, 키도 작고, 엄마 말도 안 듣지만, 형은 공부도 잘하고, 키도 크고, 엄마 말도 잘 들으니까 엄마가 형만 사랑하는 건 당연하다고 대답했습니다. 아이는 양육자의 사랑이 성공하거나 무언가를 성취했을 때 상처럼 주어지는 것이라고 오해하고 있었어요.

어떠신가요? 내 아이가 잘나 보일 때만 사랑하시나요? 아니지요. 그 아이에게 엄마에게 《언제까지나 너를 사랑해》를 꼭 읽어달라고 부탁하라고 전했습니다. 아이가 엄마에 대한 오해를 풀기를 바라는 마음을 담아서 말입니다.

《엄마 마중》을 '일하는 엄마를 울리는 책'이라고들 하지요. 1938년에 쓴 글이 100년도 더 지난 지금까지 널리 읽히는 걸 보면, 아이를 두고 일하러 가야 하는 엄마의 마음이나 집에서 엄마를 기다리는 아이 마음은 예나 지금이나 마찬가지인가 봅니다. 표지에 그려진

서너 살 정도밖에 안 되어 보이는 아이는 온종일 일하러 가신 엄마를 기다립니다. 아무리 기다려도 엄마가 오지 않자, 옷을 챙겨 입고 산 중턱 골목길을 내려가 전차 역까지 걸어갑니다. 그러곤 전차 정류장에 서서 엄마를 기다립니다. 전차는 오는데 엄마는 오지 않고, 날은 점점 어두워지고, 그래도 엄마는 오지 않고… 책은 이대로 끝나버립니다. 하지만 책의 마지막 장을 들여다보면, 캄캄한 밤에 골목길을 함께 걸어 올라가는 엄마와 아이를 찾을 수 있습니다.

두 아이를 시가에 맡겨두고 일한 적이 있습니다. (이후에 여러 번 아이들의 양육자가 바뀌었습니다.) 한 달에 한두 번 아이들을 만나러 갔어요. 두 아이가 일곱 살, 세 살이 되어서야 제가 육아를 도맡게 되었습니다. 큰아이가 초등 4학년 때로 기억합니다. 하루는 아이가 《엄마 마중》을 가지고 와서 저에게 다짜고짜 따졌습니다. "엄마, 너무했잖아!" 영문을 몰라 어리둥절해하는 저에게 "태어나서 일곱 살 때까지 기다리게 한 건 진짜 너무하잖아!"라면서 펑펑 울었습니다. 그전에도 여러 번 읽어주었던 《엄마 마중》이었지만, 사춘기 초입의 아이에게 자극이 됐던 모양입니다.

그때 아이가 어릴 적 어느 장면이 떠올랐어요. 큰아이 두세 살 무렵, 오후 5시만 되면 시어머니는 저에게 전화했습니다. "아이고, 얘야, 내가 아무리 잘해줘도 소용없다. 해만 떨어지려고 하면 너만 찾는구나!" 하시면서 육아의 어려움을 호소하셨습니다. 당시에 저는 하필 퇴근 전 가장 바쁜 시간대마다 걸려오는 시어머니의 전화가 아이를 보고 싶어 하는 제 아픈 마음을 콕콕 찔러대는 것처럼 느꼈습니다. 육아의 달인이 아이를 봐주시면 미숙한 제가 돌보는 것보다 훨씬 나을 거라고 스스로를 다독이며 다시 일에 몰두했습니다.

제 앞에서 울고 있는 아이가 그때 엄마를 기다리던 두세 살의 꼬마와 겹쳐 보이며 한없이 미안해졌습니다. 열한 살 큰아이와 함께 《엄마 마중》을 읽으면서 오래전 긴 시간 동안 엄마를 기다렸던 큰아이의 내면을 보듬는 시간을 가졌습니다. 엄마를 기다리며 그리움이 미움이 되고 분노로 변한 아이의 마음의 벽이 스르르 녹아내리는 시간이었지요.

《리디아의 정원》은 초등 3학년 여자아이의 편지글로 이루어져 있습니다. 1930년대 미국의 대공황 시기, 생업을 잃은 엄마 아빠가 다시 일을 구하는 1년이라는 시간 동안, 리디아는 자기 집을 떠나 머나먼 지역에 사는 삼촌네 집에서 지내게 됩니다. 삼촌은 혼자 사는 무뚝뚝한 남자 어른입니다. 리디아는 삼촌과 친해지려고 노력하지만 잘되지 않습니다. 삼촌과 지내는 시간 동안 리디아가 엄마에게 보낸 편지글에서 리디아의 성장기를 엿볼 수 있지요.

큰아이가 6학년 때였습니다. 《리디아의 정원》을 들고 와서 어릴 적 이야기를 들려주었어요. 아이가 어릴 적부터 수십 번도 더 봤던 그림책인데, 사춘기 절정의 아이에게 무언가 큰 자극이 되는 지점이 있었던 것이지요. 큰아이가 대여섯 살이었을 때 열정적인 일중독자 직장인이었던 저는 시시때때로 일에 몰두했고 아이들을 남의 손에 맡겼습니다. 직장 때문에 자주 이사해서 아이를 돌봐주시는 분들이 자주 바뀌었어요.

당시에는 몰랐지만,《리디아의 정원》속 리디아가 삼촌과 친해지려고 애쓰는 모습을 보면서 아이는 어린 시절 자기 모습을 발견했나 봅니다. 그때 저는 깨달았습니다. 양육자에게 육아는 분명 힘든 일이지만, 돌봄을 받는 아이도 고된 성장 과정을 거친다는 것을요. 당시에는 말로 표현하지 못했던 어려움을 6학년 아이가 털어놓기 시작했습니다. 좋은 그림책을 통해 과거 상처 입은 일들을 끄집어내고 사과하고 다시 돌아보는 시간을 가졌어요. 부모와 떨어져 삼촌과 지내면서 불편하고 불안했지만 삼촌네 집 옥상에서 아름다운 정원을 가꾸었던 리디아처럼, 양육자가 자주 바뀌고 때론 없는 상황에서 홀로 이겨내야 했던 시간이 꼭 상처로만 남지는 않았을 거라고 이야기했습니다. 리디아의 정원처럼 아이의 마음속에도 성장과 성찰이라는 정원이 만들어졌을 거라고요.

초등학교 고학년이 되자 아이들의 기분은 하루에도 몇 번씩 좋았다 나빴다 반복했습니다. 순전히 아이의 의지로는 어찌할 수 없는 사춘기를 지배하는 호르몬 때문이지요. 사춘기에 들어선 아이라면 누구나 유아기에 충족하지 못한 욕구들을 맞닥뜨리고, 그때의 경험을 다시 문제 삼습니다. 그걸 표현하느냐 하지 않느냐의 차이만 있을 뿐, 사춘기를 맞이하는 아이들의 특징이라는 걸 알고 계시지요? 이럴 때 가족 그림책을 읽어주세요. 어렸을 때 읽어준 적이 있어서 아이가 내용을 아는 책이라면 더 좋습니다. 함께 그림책을 읽고 대화를 나누는 것만으로 많은 것이 해결되는 진귀한 경험을 해보시기 바랍니다.

관계 맺기를 돕는 '우정 그림책' 읽어주기

2023년 여성가족부가 발표한 〈2022 청소년백서〉에 따르면, 청소년 상담복지센터 상담 활동 이용자 중 초등학생의 비율이 가장 높았습니다. 문제 유형으로는 '대인 관계'가 24.0%(1,488,241건)로 가장 많았으며, 그중에서도 또래 관계에서 겪는 어려움이 가장 컸습니다. '친구 관계 고민'이 83.3%로 가장 많았고, '따돌림 및 왕따' 5.0%, '이성 교제' 2.0%, '어른과의 관계' 1.3%, '교사와의 관계' 1.1% 순이었습니다. 초등 아이에게 '친구'와 '우정'은 매우 중요한 화두임이 틀림없습니다. 초등 아이를 둔 양육자도 아이의 대인 관계를 걱정하지 않을 수 없지요. 특히 아이가 초등학교에 입학할 때 친구 관계를 미리 걱정하는 양육자가 많습니다. 성적은 둘째치고 학교에서 친한 친구 한두 명은 꼭 생겼으면 하는 것이 모든 예비 초등 자녀를 둔 양육자의 바람입니다.

무엇을 어떻게 도와주어야 가족의 울타리를 넘어 처음으로 단체 생활을 시작하는 아이가 친구를 잘 사귈 수 있을까요? 먼저 '나'를 탐색하는 시간을 가지면서 나는 누구이고 무엇을 좋아하는지 생각하는 시간이 필요합니다. 그런 다음, 아이가 상대방을 관찰할 수 있도록 도와주세요. '너'는 결코 '나'가 아니고 '나'와 '너'가 다르므로 친구가 되려면 서로 노력해야 한다는 것을 알려주어야 합니다. 나와 너 들여다보기, 다니카와 순타로가 글을 쓰고 초 신타가 그림을

《나》, 다니카와 슌타로 글, 초 신타 그림, 엄혜숙 옮김, 한림출판사.
《너》, 다니카와 슌타로 글, 초 신타 그림, 엄혜숙 옮김, 한림출판사.
《시소》, 고정순 글·그림, 길벗어린이.
《안녕, 펭귄?》, 폴리 던바 글·그림, 노은정 옮김, 비룡소.
《친구의 전설》, 이지은 글·그림, 웅진주니어.

그린 《나》와 《너》 읽기를 통해 가능합니다.

내가 무엇을 좋아하는지 알고 상대방을 관찰할 수 있다면, 친구를 사귈 준비가 된 것입니다. 내가 좋아하는 걸 상대방도 좋아한다면 친구가 될 확률이 높겠지요. 미취학 아이라면, 이기는 사람도 없고 지는 사람도 없는 놀이를 하면서 함께 어울릴 기회를 충분히 제공하는 것이 좋습니다. 이때 고정순의 그림책 《시소》를 읽어주세요. 혼자 시소에 앉을 수는 있지만 혼자 시소 놀이를 할 순 없지요. 맞은편에 누군가가 타야 함께 놀 수 있습니다. 오르락내리락 서로가 서로에게 재미를 느낄 기회를 주어야 더 신나게 놀 수 있어요.

친구를 찾아 나설 준비가 된 아이에게 폴리 던바의 《안녕, 펭귄?》을 읽어주세요. 이 그림책은 빨리 친해지고 싶어서 자기 방식대로 성급하게 다가가는 벤과 마음을 드러내는 게 서툰 펭귄이 친구가 되어가는 과정을 보여줍니다. 어느 날 벤이 펭귄을 만나 자신이 할 수 있는 모든 방법을 동원해 관심 끌기 작전에 돌입합니다. 인사를 하고 말을 걸어보지만 펭귄은 아무런 반응이 없습니다. 간지럼을 태우고 괴롭혀 봐도 여전히 반응이 없자 서운해서 화가 난 벤은 "뭐라고 말 좀 해봐!"라고 소리를 지릅니다. 벤과 펭귄은 친구가 될 수 있을까요? 갑작스레 벤에게 닥친 어려움을 펭귄이 도와주면서 둘은 친구가 된답니다. 아이마다 마음의 문을 여는 속도가 다르다 보니 친구가 되는 과정에서 서로에게 맞추기 위해 자신을 조절하는 노력이 꼭 필요하겠지요. 처음으로 친구를 사귀어 보려는 아이에게 읽어주면 좋은 그림책입니다.

이지은의 그림책 《친구의 전설》은 좋은 친구가 되는 법을 알려줍니다. 숲속에는 동물 친구들이 많지만, 호랑이를 좋아해 주는 친구는 없습니다. 숲속을 어슬렁거리며 "맛있는 거 주면 안 잡아먹지."라고 겁을 주는 호랑이가 좋은 친구처럼 보이진 않습니다. 숲속 동물들은 이 호랑이만 보면 "또 저러네." 하고 슬금슬금 피하기 바쁘지요. 어느 날 이 고약한 호랑이의 꼬리에 노란색 꽃이 뿌리를 내립니다. 꽃을 떼어내려고 발버둥을 쳐봐도 떨어지지 않고 딱 달라붙어 있어요. 언제나처럼 호랑이가 "맛있는 거 주면…"이라고 말할라치면 어느새 꼬리 꽃이 나타나 "고맙겠다!"라며 뒷말을 바꾸어 버립니다. 꼬리 꽃은 꼬꼬 씨네 달걀을 구하기 위해 제 몸을 던지기도 하고, 숲속의 작은 동물들이 개울을 건널 수 있도록 꼬리로 다리를 만들어주기도 합니다. 꽃이 호랑이 꼬리에 딱 달라붙게 된 후 호랑이를 좋아하는 친구가 하나둘 생기기 시작합니다. 처음엔 꼬리 꽃에게 불평만 하던 호랑이도 꼬리 꽃과 함께 숲속 동물들을 도우면서 점차 좋은 친구가 됩니다. 좋은 친구란 도움이 필요한 순간에 먼저 손을 내미는 친구지요. 좋은 친구가 되고 싶어 하는 모든 이에게 권하고 싶은 그림책입니다.

진짜 친구는 그냥 친구와는 다릅니다. 서로가 서로에게 단 한 명의 친구이자 특별한 존재로 '단짝'이나 '절친'이라 부를 수 있는 친구입니다. 진짜 친구가 생겼다면 김윤정의 《친구에게》를 읽을 시간입니다. 이 그림책은 물이 없는 친구에게 자기 물을 나눠주고 모두가 함께일 때 혼자인 친구에게 다가가는 것을 종이 그림에다 투명한 필름에 그린 그림을 덧대어 표현합니다. 기꺼이 내 것을 내어주고 언제라도 함께하는 것이 우정임을 알 수 있지요. 작은아이는 초등 2학년 때 용돈을 모아 이 책을 샀습니다. 정말 친한 친구가 생기면 선물할 거라고요.

김슬기의 그림책 《모모와 토토》는 원숭이와 토끼의 우정을 통해 친구 관계에서 조심해야 할 것들을 일러줍니다. 원숭이 모모는 바

《친구에게》, 김윤정 글·그림, 국민서관.
《모모와 토토》, 김슬기 글·그림, 보림.

나나와 노란색을 좋아합니다. 토끼 토토는 당근과 주황색을 좋아하고요. 모모는 토토가 너무 좋아서 노란 풍선을 선물하고 노란 모자를 골라주고 노란 꽃다발을 안겨줍니다. 그런데 토토는 "더는 너랑은 놀지 않겠어."라는 쪽지 한 장을 남기고 떠나버려요. 모모는 토토가 없는 세상을 둘러보면서 세상에는 참 많은 색깔이 있음을 알게 됩니다. 자신이 노란색을 좋아하는 만큼 토토는 주황색을 좋아한다는 것을 알게 되지요. 모모는 토토가 좋아하는 주황색 꽃을 들고서 토토를 찾아갑니다. 우정이란 상대방의 존재를 있는 그대로 존중하는 거라는 점을 선명한 색상으로 보여주는 그림책입니다.

친구가 힘들어할 때는 어떻게 해야 할까요? 《가만히 들어주었어》에서 해답을 얻을 수 있습니다. 그림책 속 꼬마 아이 테일러는 오랜 시간 정성껏 탑을 쌓았습니다. 자신보다 훨씬 더 큰 탑 앞에서

《가만히 들어주었어》, 코리 도어펠드 글·그림, 신혜은 옮김, 북뱅크.
《곰씨의 의자》, 노인경 글·그림, 문학동네.

정말 뿌듯해했어요. 그런데 새들이 날아와 그 탑을 그만 와르르 무너뜨리고 말았습니다. 한순간에 모든 것이 무너져 버린 상실감과 절망을 어떻게 극복할 수 있을까요? 상심한 테일러에게 동물 친구들이 하나둘 다가옵니다. 테일러를 대신해 닭은 호들갑을 떨고, 곰은 소리를 지르고, 코끼리는 대신 탑을 쌓아주겠다고 나섰어요. 하지만 이 모든 동물 친구의 행동이 테일러에게는 도움이 되지 않았어요. 테일러가 다시 힘을 낼 때까지 그저 옆에서 테일러의 이야기를 들어준 토끼 친구만 테일러를 도울 수 있었습니다. 토끼가 테일러에게 그랬던 것처럼, 가만히 들어주는 것이 얼마나 중요한지 보여주는 그림책입니다.

친구가 없을 때 친구만 있으면 좋겠다가도, 친구가 생기면 친구가 있어서 문제가 되는 상황도 있습니다. 이럴 때는 노인경의 그림책《곰씨의 의자》를 읽을 시간입니다. "즐겁기는 하지만, 어딘가… 불편해." 곰씨의 의자에는 토끼 친구들로 가득합니다. 친구가 많아질수록, 친구와 보내는 시간이 길어질수록 곰씨는 점점 중요한 무언가를 잃어버리는 것 같은 기분이 듭니다. 오래도록 좋은 관계를 유지하기 위해 가끔은 솔직하게 말할 용기가 필요합니다. 예전처럼 잠시라도 의자에 혼자 앉아있을 수 있다면 토끼 친구들과의 시간도 다시 즐거울 듯하지만, 그 생각을 입 밖으로 꺼내기가 여간 어려운 일이 아닙니다. 차마 말하지 못한 채 곰씨가 보여주는 행동은 우리네 모습을 닮아 깊은 공감을 불러일으킵니다. 친구 사이에 문제가 생길 때 먼저 자신의 마음을 돌아보고 친구에게 정확하게 표현하는 방법을 연습할 수 있게끔 돕는 그림책입니다.

동반 성장을 돕는 '성장과 공존 그림책' 읽어주기

°

처음 무언가를 시도할 때 주저함 없이 바로 시작할 수 있는 사람이 얼마나 될까요? 저는 충분한 마음의 준비가 필요한 사람입니다. 이런 저의 성향을 그대로 닮았는지 우리 집 작은아이는 다섯 살에 말이 트이고 아홉 살에 한글을 뗐습니다. 저는 초등학생이 되기 전까지 집 밖에서는 한 마디도 못 하는 아이였으니, 작은아이가 저보다는 낫다고 할 수 있겠습니다. 아이를 키우면서, 말문이 트이기까지

《사라의 언덕》, 대니 파커 글, 매트 오틀리 그림, 김은하 옮김, 찰리북.
《이까짓 거!》, 박현주 글·그림, 이야기꽃.

아이의 마음에서 얼마나 많은 작용이 일어났는지, 한글을 떼기 위해 아이가 얼마나 많이 시도했는지 알게 되었습니다. 그 과정에서 성장했을 아이에게 박수를 보냅니다.

성장의 씨앗은 결핍과 부족, 시련입니다. 어려움을 맞닥뜨리고 이겨내려고 시도하는 과정에서 아이는 성장합니다. 《사라의 언덕》은 새로운 도전이 두려운 아이에게 읽어주면 좋은 그림책입니다. 문 앞에 가파른 언덕이 있어서 사라는 집 밖으로 한 발짝도 나갈 수 없습니다. 사라의 눈에만 보이는 이 언덕은 세상 누구도 넘을 수 없을 것처럼 높기만 합니다. 사랑하는 가족과 집으로 찾아온 친구들과 그 언덕에 관해 조금씩 대화를 나누는 사이, 사라는 점차 언덕을 극복한답니다. 저와 우리 집 작은아이처럼 새로운 시도를 앞두고 충분한 마음의 준비가 필요한 아이에게 읽어주고 싶은 그림책입니다.

《난 자신 있어요!》, 백수빈 글·그림, 노란돼지.
《수영 팬티》, 샤를로트 문드리크 글, 올리비에 탈레크 그림, 김영신 옮김, 한울림.

박현주의 그림책 《이까짓 거!》에는 비가 오는데 우산이 없는 아이가 나옵니다. 등굣길에는 비가 오지 않았는데, 하굣길에 갑작스럽게 비가 쏟아집니다. 주변 아이들을 둘러보니 엄마가 우산을 들고 오기를 기다리고 있습니다. 하지만 아이의 엄마는 아이를 데리러 올 수 없습니다. 머뭇거리던 아이는 쏟아지는 빗속을 달리기 시작합니다. "이까짓 거!" 내 앞을 가로막는 고난을 작아지게 만드는 마법의 말이지요.

백수빈의 그림책 《난 자신 있어요!》는 이제 막 두발자전거 타기를 배우는 아이의 이야기를 보여줍니다. 처음 두발자전거를 배울 때 넘어지기를 여러 번 감수해야 하지요. 넘어져서 다치기도 하고요. 그래서 자전거를 타기 전 먼저 보호 장비를 갖추어야 합니다. 생애 최초로 두발자전거에 올라타는 아이도 지켜보는 양육자도 걱정스럽기는 마찬가지입니다. 아이가 중심을 잡을 때까지 뒤에서 자전거를 잡아주다가 '때'가 되면 잡은 손을 놓아야 합니다. 두발자전거 타는 법을 가르치고 배우면서 삶을 살아가는 태도를 배우게 됩니다.

아이가 훌쩍 자라는 순간이 있습니다. 《수영 팬티》는 그 순간을 포착해 보여주는 그림책입니다. 아홉 살 미셸에게 끔찍한 방학이 찾아옵니다. 엄마 '껌딱지'인 미셸은 부모님의 이사 준비로 인해 엄마와 떨어져서 시골 할머니 댁에 가 있어야 해요. 설상가상으로 미셸을 놀리고 괴롭히는 사촌 형들과 함께 지내게 된 거지요. 엄마가 없는 동안 개구쟁이 사촌 형들과 함께 지내는 고난의 여정이 시작됩니다. 누가 얼마나 오래 안 씻나 내기하고, 보호 장비 없이 자전거를 타고, 위험천만해 보이는 차고에서 놀면서 미셸은 해방감을 느낍니다. 형들도 미셸을 조금씩 인정하기 시작하고요. 드디어 미셸은 3미터 다이빙 도전을 앞두고 있습니다. 표지 그림은 미셸이 용기 내어 물속으로 뛰어드는 장면이에요. 엄마가 없어서 최악이 될 줄 알았던 방학은 미셸에게 최고의 성장을 선사합니다. 이렇듯 아이가 성장하는 데는 양육자의 부재가 얼마간 필요한 것 같습니다.

연합뉴스에 따르면, 2023년 1월에서 6월까지 한국에서 스스로 목숨을 끊은 사람은 무려 6,936명입니다. 매달 평균 1,100명 이상, 하루 평균 40명가량이 극단적인 선택을 한 것입니다. 2023년 상반기 19세 이하 청소년 자살자도 197명으로 집계돼 지난해 같은 기간 청소년 자살자 167명 대비 18%나 증가했습니다. 최근에는 인근 초등학교에서 5학년 어린이의 자살 사건이 들려왔습니다. 소식을 들

《나는 죽음이에요》, 엘리자베스 헬란 라슨 글, 마린 슈나이더 그림, 장미경 옮김, 마루별.
《철사 코끼리》, 고정순 글·그림, 만만한책방.
《오소리의 이별 선물》, 수잔 발리 글·그림, 신형건 옮김, 보물창고.

고 온 가족이 큰 충격에 빠졌습니다.

몇 년 전에 있었던 일입니다. 또래의 죽음으로 고통받는 아이가 있었습니다. 중학생이던 동네 형의 자살 소식을 듣고서 자신도 죽고 싶다고 말하는 초등 5학년 아이였습니다. 책 읽는 엄마들의 모임에서 이 아이를 어떻게 도울 수 있을지에 관해 수많은 이야기가 오갔습니다. 아이가 충분한 애도의 시간을 가져야 한다는 의견에 모두가 고개를 끄덕였습니다.

아이에게 그림책 《나는 죽음이에요》를 읽어주었습니다. 쉽지 않겠지만 죽음을 직면하는 것이 애도의 시작이라고 생각했기 때문입니다. 책은 '나는 죽음이에요. 삶이 삶인 것처럼 죽음은 그냥 죽음이지요.'로 시작해 죽음 스스로 자신에 대해 담담하게 서술합니다. 삶과 죽음은 하나이며 모든 생명의 시작과 끝을 함께하지만, 죽음이 두렵게 느껴진다면 사랑을 기억하라고 말합니다. 사랑은 절대 죽지 않는다고요.

　다음으로 《철사 코끼리》와 《오소리의 이별 선물》을 읽어주면서 죽은 동네 형과 이별하는 시간을 가졌습니다. 《철사 코끼리》의 첫 장에는 '잊어야 한다는 마음으로 오늘도 울고 있을 사람들에게.'라고 적혀 있습니다. 이 책에는 가장 친한 친구인 코끼리 '얌얌'을 잃은 아이 '데헷'이 나옵니다. 데헷은 얌얌이 무척 보고 싶었습니다. 시간이 지나도 그 마음이 사라지지 않았지요. 데헷은 얌얌을 생각하며 철사를 주워 모으기 시작했습니다. 철사로 얌얌을 닮은 커다란 코끼리를 만들어서 어디든 데리고 다녔습니다. 철사 코끼리가 너무나 커서 사람들은 길을 비켜야만 했습니다. 데헷의 손도 온통 철사에 찔려 상처투성이였습니다. 그제야 데헷은 철사 코끼리를 밀어내려고 노력합니다. 온 힘을 다해 용광로에 철사 코끼리를 밀어 넣습니다.

　《오소리의 이별 선물》에는 너무 늙어서 죽을 때가 가까워진 걸 알아챈 오소리가 나옵니다. 오소리는 자신이 죽었을 때 친구들이 슬퍼할까 봐 걱정합니다. 친구들에게 편지를 쓰고서 죽음이라는 긴 터널 속을 달려가지요. 친구들은 오소리를 너무나 사랑했기 때문에 몹시 슬퍼했습니다. 오소리를 잃은 슬픔으로 한 계절을 보내고 나서 친구들은 한데 모여 오소리가 살아있던 때를 이야기했습니다. 오소리의 이름이 나올 때마다 누군가 모두를 웃음 짓게 하는 이야기를 꺼냈습니다. 다시 기쁨이 찾아왔습니다.

　시간이 조금 지나고 나서, 신시아 라일런트의 시 그림책 《삶》을 읽어주었습니다.

산다는 게 늘 쉽지는 않습니다.

가끔은 길을 잃기도 하지요.

하지만 아무리 어렵고 힘든 시간도

언젠가는 지나갑니다.

그리고 새로운 길이 열립니다.

이것만은 꼭 기억하세요.

세상에는 사랑스러운 존재가 아주 많다는 것과

누군가는 보호가 필요하다는 것을요.

여기까지 읽었을 무렵, 그동안 책을 읽어주어도 엎드려 있기만 하던 아이가 슬며시 고개를 드는 것이었습니다.

그러니 매일 아침

부푼 마음으로 눈을 뜨세요.

삶은 아주 작은 것에서 시작되지만

점점 자라날 테니까요.

그림책 읽어주기를 마쳤을 무렵, 아이는 이미 읽어주는 사람을 바라보고 있었습니다. 아름다운 시가 한 줄기 빛이 되어 죽은 형을 떠나보낸 후 어두워진 아이의 마음을 비추는 것 같았습니다.

《삶》, 신시아 라일런트 글, 브랜던 웬젤 그림, 이순영 옮김, 북극곰.
《100만 번 산 고양이》, 사노 요코 글·그림, 김난주 옮김, 비룡소.

　겨우 힘을 내기 시작한 아이에게 이번에는 《100만 번 산 고양이》를 읽어주었습니다. 책 속 고양이는 백만 번을 죽었습니다. 백만 번이나 살고 백만 번이나 죽은 것이지요. 그리고 다시 태어났습니다. 그토록 여러 번의 삶을 사는 동안, 고양이는 단 한 번도 자기 자신으로 산 적이 없었습니다. 그래서 죽어도 슬프지 않았습니다. 백만 번을 죽고 다시 태어난 고양이는 그전과는 완전히 다르게 살아갑니다. 처음으로 스스로 삶의 주체가 되어 온 마음을 다해 사랑하고 기쁨과 슬픔을 온전히 느끼며 수명이 다해 죽습니다. 그러고서 다시는 태어나지 않지요. 미국의 소설가 마크 트웨인은 '네 삶에서 가장 중요한 날은 네가 태어난 날과 네가 태어난 이유를 찾은 날이다.'라고 했고, 홀로코스트의 생존자이자 심리학자인 빅터 프랭클은 '인생의 의미가 무엇인가 묻기 전에 인생이 우리에게 거꾸로 묻고 있으니 우리는 살아가는 의미를 알려고 할 것이 아니라 오히려 인생에게 답해야 한다.'라고 했습니다. 책 속 고양이는 백만 번을 죽고 나서야 비로소 자신이 태어난 이유를 알아냈고, 자기 자신으로 살아감으로써 그의 삶에 충실히 답을 했습니다.

사람은 모두 연결되어 있습니다. 나와 연결된 사람이 기쁘면 함께 기쁘고, 나와 연결된 사람이 슬프면 함께 슬픔을 느낍니다. 한 아이의 죽음이 온 동네 사람들을 슬프게 하는 이유입니다. 우리 가족이 위기를 겪으면서 알게 된 것이 있습니다. 삶에는 기쁨과 슬픔이 번갈아 찾아온다는 것입니다. 기쁨이 오래도록 지속되지 않듯이 슬픔 역시 오래 지속되지는 않습니다. 나라는 사람도 마찬가지입니다. 부족한 면과 넘치는 면이 공존합니다. 삶의 어느 순간에는 나의 부족한 면 때문에 속상하다가도 삶의 또 다른 순간에는 나의 넘치는 면 덕분에 우쭐해지기도 합니다. 사람은 모두 연결되어 있으니, 기쁨과 슬픔을 전부 나누면 된다는 것을 깨달았습니다. 기쁨은 나누면 배가 되고 슬픔은 나누면 반이 된다니 정말 다행이지요. 마찬가지로 나의 부족한 면을 다른 사람의 넘치는 면으로 메우면 되고, 나의 넘치는 면으로 다른 사람의 부족한 면을 메울 수 있습니다. 공존하는 삶이 진정한 성장이라고 생각합니다.

Chapter 2

옛이야기
들려주기

6ᴑ

초등 2학년이 되자 아이는 저의 그림책 읽어주기를 거부했습니다. 그림책 읽어주기를 3년째 진행하던 어느 날, 아홉 살 큰아이가 말했습니다. "내가 동생이야?" 이 말은 자기는 초등 2학년이고, 한글을 뗐으며, 읽기 독립도 하고 1년이나 지났는데 왜 동생들이 볼 법한 글자가 적은 책들을 계속 읽어주냐는 의미였지요. 4년이라는 세월이 흘러 작은아이가 초등 2학년이 되었을 때도 비슷한 반응을 보였어요. 그림책을 읽어주어도 아이가 시들한 반응을 보이면, 가족 독서 시간에 색다른 시도를 해야 할 때입니다.

그림책은 남녀노소 누구에게나 좋은 책이지만, 아이가 원하니 줄글 책 읽기를 시도해 보았습니다. 하지만 아이는 글자가 많은 줄글 책 앞에서 지레 겁을 냈습니다. 이때 옛이야기를 들려주었어요.

그림은 없지만 내용이 어렵지 않고, 오직 두 귀로 이야기를 듣는 방식에 아이들은 흥미를 느꼈습니다. 이처럼 옛이야기 들려주기는 그림책 읽기와 줄글 책 읽기를 잇는 다리 역할을 합니다. 아이들은 매일 밤 잠자리에서 옛이야기를 들려주는 시간을 좋아했습니다. 그런 시간이 더해지자 아이들은 구수한 입말체를 흉내 내며 자기만의 방식으로 줄거리를 바꾸기도 했습니다.

우리 조상의 지혜를 배우는 시간

갓난아기가 태어나 독립적인 개체가 되면 예방주사를 맞아야 합니다. 태어나는 순간부터 초등학교를 졸업할 때까지 발달 단계에 따라 반드시 맞아야 하는 예방주사만 40대가 넘습니다. 병원에서 맞는 주사가 신체의 건강을 위한 예방주사라면, 옛이야기는 우리 정신의 예방주사입니다. "호랑이 굴에 들어가도 정신만 차리면 산다."라는 말처럼, 살아가면서 크고 작은 고민을 마주할 때 참고할 수 있는 조언을 이야기 형식으로 미리 쌓아두는 셈이지요. 문자가 없던 시대부터 구전되다가 채록으로 전해진 옛이야기에는 우리 정신에 새겨야 할 조상의 지혜가 고스란히 담겨 있습니다. 옛이야기를 들려주는 시간은 우리 선조가 남긴 지혜를 전해주는 시간입니다.

옛이야기를 들려줄 때는 그림책을 읽어줄 때와 달리 듣는 이의

《옛이야기 보따리》, 서정오 글, 보리.
《옛이야기 들려주기》, 서정오 글, 보리.

머릿속에서 능동적인 작용이 일어납니다. 듣는 이가 스스로 그림을 그려보는 체험을 하게 됩니다. 짧은 이야기를 들으면서 머릿속에 그림을 그리다 보면, 자연스럽게 짧은 글을 읽으면서 머릿속에 그림을 그리는 줄글 책 읽기를 연습할 수 있습니다. 그러다가 마침내 그림이 없는 짧은 글을 읽을 수 있게 되지요. 옛이야기 들려주기는 그 자체로도 의미가 있지만, 그림책에서 줄글 책으로 아이의 독서 단계를 한층 높여주는 디딤돌 역할도 합니다.

우리 부부는 한 권짜리 《옛이야기 보따리》로 아이들에게 옛이야기를 들려주었습니다. 서정오 선생님께서 전국 방방곡곡 할아버지 할머니 들을 찾아 이야기를 듣고 되살려 정리한 책이지요. 주로 잠자리 독서 시간에 한두 편을 읽어주었어요. "옛날에 옛날에 소금 장

'옛이야기 보따리'(보급판), 서정오 글, 김성민 외 그림, 보리.

수가 소금을 지고 소금을 팔려 다녔어."와 같이 문장이 입말체로 쓰여 있어서 쓰인 대로만 읽어도 아이들은 실제로 옛이야기를 들려주는 것처럼 느꼈습니다. 아이들 방에는 열 권짜리 '옛이야기 보따리'(보급판) 세트를 놓아주었어요. 아이들은 잠자리 독서 시간에 들었던 이야기를 직접 찾아보다가 자연스레 한 권씩 들고 다니면서 읽기 시작했지요. 이렇게 옛이야기 들려주기는 아이들이 줄글 책 읽기에 재미를 붙이도록 도왔습니다.

제가 '책 읽어주는 엄마'로 봉사했던 학교에서는 봉사자가 담임 교사처럼 1년 동안 한 반을 맡았습니다. 초등 3학년 교실을 담당했던 무렵, 그 반의 30년 경력 담임 선생님과 의논하여 아이들에게 읽어줄 책을 선정했습니다. 어색함이 흐르던 학기 초에 '친구'와 '우정'에 관한 그림책은 아이들이 서로 친해지는 데 긍정적인 영향을 미쳤습니다. 하지만 아이들이 친해지는 과정에서 문제가 생겼습니다. 선생님과 저는 우리 반에 필요한 책을 다시 고르는 회의를 거쳐 옛이야기를 읽어주자고 의견을 모았습니다.

　이제 열 살이 된 남자아이들은 체격에 따라, 여자아이들은 말발에 따라, 강한 아이들과 약한 아이들로 나뉘어 이미 교실은 기울어져 있었습니다. 체격이 크고 말발이 센 아이 몇 명이 교실에서 힘자랑하며 활개를 쳤고, 약해 보이는 아이들은 주눅 든 채로 피하거나 가방을 들어주거나 숙제를 대신해 주는 방식으로 관계를 맺고 있었습니다. 게임에 익숙한 아이들은 승자가 옳고 권력을 갖는 것이 당연하다고 생각하는 경향이 있었습니다. 약육강식의 권력 구도가 뚜렷하게 보이는 교실에서 옛이야기를 통해 변화를 도모해 보기로 했습니다.

　일단 옛이야기를 들려주자 의외로 아이들은 굉장히 집중하며 흥미를 보였습니다. 한 편, 두 편… 옛이야기를 들려주는 시간이 늘수록 교실 분위기가 달라짐을 느꼈습니다. 담임 선생님은 교실에서 힘자랑하는 아이들의 수가 줄었고, 아이들은 힘겨루기를 멈추고 함께 놀 거리를 찾기 시작했다는 말씀을 전해주셨습니다. 교실 속 힘의 기울기가 점점 평평해지는 것을 느끼며 담임 선생님과 저는 기쁨을 감추지 못했습니다.

　서정오 선생님은 《옛이야기 들려주기》에서 옛이야기가 지닌 가장 중요한 특성이 "빼앗기고 억눌린 약자들이 반드시 승리한다."는 결말이라고 말했습니다. 그렇기에 "옛이야기를 좋아하고, 좋은 이야기를 들으면서 자란 아이가 나쁜 짓을 할 수는 없는 법"이라고요. 교실 속 다수를 차지하는 약한 아이들은 옛이야기에 나오는 약한 이들에게 깊이 공감하며, 결국에는 약한 자들이 이기는 결말에 큰 용기를 얻었을 것입니다. 힘자랑하던 몇 명의 아이도 옛이야기 속 고약한 호랑이나 욕심 많은 부자처럼 행동했다가는 '나도 벌을 받겠구나. 그러지 말아야겠다.'라며 반성했을 테고요.

옛이야기를 바꿔 나만의 이야기를 만들어보는 시간

우리 집 두 아이가 특히 좋아하는 옛이야기는 《호랑이 뱃속 구경》과 《아기장수 우투리》입니다. '책 읽어주는 엄마' 봉사자로 초등 2학년과 3학년 교실에서 옛이야기를 읽어줄 때도 이 두 이야기가 가장 인기가 많았습니다. 또래 아이들의 반응이 비슷하구나 싶었지요.

교실에서 《호랑이 뱃속 구경》을 들려주고서 아이들과 이야기를 나눴습니다. 초등 2학년 아이들에게 먼저 이 이야기를 듣고 어땠는지 물어보았습니다. '호랑이 배에 들어가도 한 사람 한 사람이 자기가 해야 할 일을 하고 서로 도우며 호랑이에 맞서면 호랑이 배에서 나올 수 있다.'라고 줄거리를 요약해서 들려주더군요. 다음으로, 자신이 만약 호랑이 배에 들어가게 되면 어떻게 할지 질문했습니다. 어떻게든 살아서 호랑이 배에서 나와야겠지만 호랑이를 죽이고 싶지는 않다는 것이 요즘 아이들의 생각이었습니다. 이처럼 옛이야

《호랑이 뱃속 구경》, 서정오 글, 강우근 그림, 보리.
《세상에서 가장 용감한 소녀》, 매튜 코넬 글·그림, 비룡소.

기는 나에게 닥친 고난을 피하지 않고 맞닥뜨릴 힘을 줍니다.

마지막으로, 《호랑이 뱃속 구경》에 자기 생각을 더해 이야기를 바꾸어보자고 제안했습니다. 오래전, 맹수의 공격을 피해 사람의 목숨을 지키는 것이 절실하던 시절이 있었습니다. 하지만 오늘날에는 '동물권'이라는 개념이 매우 중요해졌습니다. 인권이 중요한 만큼 동물권 역시 중요하다는 것이 현대를 살아가는 사람들의 가치관입니다. 그렇다면 호랑이 배에 들어 있던 사람들이 호랑이를 죽이고서 모두 살아 돌아왔다는 옛이야기를 현대에 맞게 호랑이를 살리는 방식으로 바꾸어보는 것도 좋겠지요. "사람도 살고 호랑이도 살리는 방법이 없을까?"라는 질문을 바탕으로 자유롭게 상상력을 발휘해 보는 거지요. 여기에 정답은 없습니다. 질문을 떠올리고 상상해 보는 것만으로 충분합니다.

아이가 "어떻게 호랑이를 살리지?" 등 질문을 떠올렸지만 이야기의 결말을 바꾸는 것은 어려워한다면, 자신의 목숨을 걸고 새끼 늑대를 구한 작은 소녀의 이야기 《세상에서 가장 용감한 소녀》를 읽어주어도 좋겠습니다. 세찬 눈보라가 치는 오후, 뒷산에서 놀던 소녀는 사방이 하얗게 변하자 길을 잃습니다. 마찬가지로 길을 잃고 무리에서 뒤처진 새끼 늑대를 만납니다. 하얗게 눈 덮인 산속에 맹수들의 울음소리가 가득합니다. 날은 점점 어두워지고 용감한 소녀는 새끼 늑대를 지켜줍니다. 소녀는 새끼 늑대를 안고서 오직 늑대 무리의 울음소리만 좇아 어미 늑대를 찾아냅니다. 어미 늑대에게 무사히 새끼를 돌려준 후 소녀는 쓰러집니다. 이번에는 늑대 무리가 맹수들로부터 소녀를 지킵니다. 소녀를 찾으러 나온 엄마 아빠와 강아지가 나타날 때까지 말이지요.

옛이야기 그림책·전래동화·한국 고전 이어 읽기

◦

옛이야기를 들으면서 머릿속에 그림을 그려본 아이에게 아이가 가장 좋아하는 옛이야기를 그림책으로 보여주세요. 옛이야기 그림책 속 그림과 아이가 머릿속으로 그려본 그림을 비교하는 재미가 쏠쏠합니다. 김해원 글, 김세현 그림의 그림책 《호랑이 뱃속 구경》에는

《호랑이 뱃속 구경》, 김해원 글, 김세현 그림, 웅진씽크하우스.
《김수한무 거북이와 두루미 삼천갑자 동방삭》, 소중애 글, 이승현 그림, 비룡소.

커다랗고 거만한 호랑이가 온 산을 어슬렁어슬렁 걸으며 온갖 동물과 사람을 잡아먹는 모습이 익살스럽게 담겨 있습니다.

하나의 옛이야기를 그림책과 줄글 책으로 연결하는 작업은 아이의 세계관을 넓히는 데 큰 도움이 됩니다. 미취학부터 초등 저학년 시기에 아이는 그림의 세계와 글의 세계가 아예 다른 세계라고 느낄 수 있습니다. (우리 집 작은아이가 그랬습니다. 그림의 세계에서 글의 세계로 넘어오는 데 시간이 오래 걸렸고, 두 세계를 오가며 동시에 받아들이기까지 꽤 오랜 시간이 걸렸습니다.) 아이가 좋아하는 이야기가 그림으로도 글로도 표현될 수 있음을 충분히 경험할 때, 아이는 그림의 세계와 글의 세계가 만나는 지점을 충분히 느낄 수 있습니다. 같은 이야기를 그림과 줄글로 동시에 접하게 해주는 독서 방법은 아이가 줄글 책의 세계로 들어갈 수 있도록 돕습니다.

《선녀와 나무꾼》, 이경혜 글, 박철민 그림, 시공주니어.
《우렁이 각시》, 소중애 글, 송혜선 그림, 비룡소.

　초등 2학년 교실에서 《김수한무 거북이와 두루미 삼천갑자 동방삭》을 읽어준 날을 기억합니다. 반 아이들이 온종일 '김수한무'로 시작하는 긴 이름을 노래하듯 따라 하는 바람에 다른 반 아이들도 궁금해서 이 책이 2학년 교실 전체를 한 바퀴 돌았던 적이 있습니다. 입말체로 쓰인 옛이야기가 아이들 입을 통해 전해지며 하나의 놀이처럼 유행하기도 했지요.

　《선녀와 나무꾼》과 《우렁이 각시》 등 여성 서사가 중심이 되는 옛이야기를 지금 초등학생들과 읽으며 대화하는 시간은 특히 즐겁습니다. 《선녀와 나무꾼》 이야기를 듣고서 아이들은 나무꾼이 선녀가 목욕하는 동안 선녀의 옷을 숨겼기 때문에 처벌받아야 한다고 목소리를 높입니다. 《우렁이 각시》 이야기를 듣고서 아이들은 자신을 돌보는 일은 스스로 해야지 다른 사람이 대신해 주기를 바

《아기장수 우투리》, 서정오 글, 이우경 그림, 보리.
《심청전》, 정출헌 글, 배종숙 그림, 휴머니스트.

라서는 안 된다고 비판합니다. 전래동화를 읽어주고 아이들이 자기 생각을 거침없이 말할 수 있는 자리를 마련해 주세요.

옛이야기를 들려주는 양육자도 옛이야기 속에 숨겨진 지혜를 읽어낼 수 있어야 합니다. 아이들이 좋아하는 옛이야기 《아기장수 우투리》에는 양육자, 특히 어머니가 우투리를 파멸에 이르게 하는 인물로 등장합니다. 볶은 콩으로 우투리의 갑옷을 만들 때 콩 한 알을 주워 먹어 갑옷에 빈틈이 생기게 한 이도, 억새풀의 비밀을 누설하여 우투리를 곤란에 빠뜨린 이도 어머니였습니다. 《아기장수 우투리》는 아이에 대한 양육자의 사랑이 거꾸로 아이의 성장을 가로막는 족쇄가 될 수도 있음을 보여줍니다. 실존주의 철학자 장 폴 사르트르는 "아버지가 아들에게 줄 수 있는 가장 큰 선물은 일찍 죽는 것"이라고 했습니다. 양육자의 지나친 간섭이 자칫 아이의 성장을 방해하게 될 수도 있다는 말이겠지요. 《아기장수 우투리》가 전하는 지혜와 일맥상통하는 면이 있습니다.

큰아이가 초등 고학년일 때 《심청전》을 읽고 새롭게 해석해 본 적이 있습니다. 심청은 앞 못 보는 아버지의 시력을 되찾아 주려고 공양미 300석에 팔려가 인당수에 몸을 던집니다. 기존 해석에 따르자면 심청전은 효의 이야기로 보입니다. 그러나 심청은 아버지 심봉사의 눈을 뜨게 하고, 앞을 볼 수 없는 세상 모든 것의 눈을 뜨게 한 구원자가 될 수도 있습니다. 효를 넘어, 자기 뜻을 실현한 여성 영웅의 이야기로 해석할 수 있는 것이지요. 한국 고전을 읽는 이유는 조상들이 남긴 이야기를 통해 과거와 현재를 비교해 보고, 지금 여기의 현실을 제대로 들여다볼 수 있기 때문입니다. 이렇게 본다면 먼 과거의 이야기라도 오늘날과 연결되는 접점을 찾아 더욱 흥미를 느끼며 책을 읽을 수 있습니다.

활동 2. 온 가족이 함께 책 이야기 나누기

그림책을 읽고 이야기를 나누는 시간

책 제목	
지은이	
읽은 날짜	

가장 좋은 문장 고르기

가장 기억에 남는 장면 그리기

양육자와 함께 그림책 읽기

- 양육자가 그림책을 읽어주세요.
- 책을 읽어주는 양육자의 목소리에 귀를 기울여요.
- 책 속 좋은 문장과 장면을 이야기해요.
- 양육자가 가족의 대화를 기록해요.

함께 나눌 이야기

(예시)《100만 번 산 고양이》, 사노 요코 글, 김난주 옮김, 비룡소.

- 100만 번 산 고양이는 언제 가장 기뻤나요?

- 100만 번 산 고양이는 언제 가장 슬펐나요?

- 나는 어떨 때 가장 기쁜가요?

- 나는 어떨 때 가장 슬픈가요?

- 기쁘거나 슬플 때 어떻게 해야 할지 이야기를 나누어요.

오늘, 가족 독서를 시작합니다

《호랑이 뱃속 구경》을 듣고 가장 기억에 남는 장면 그리기

《호랑이 뱃속 구경》을 듣고 나만의 이야기 만들기

《호랑이 뱃속 구경》을 듣고…

- 나의 이야기를 들려주세요. 힘들었거나 무서웠던 적이 있나요?
  그때 어떻게 했나요?

《세상에서 가장 용감한 소녀》를 읽고…

- 힘들거나 무서운 일이 생기면 어떻게 할지 이야기를 나누어요.

오늘, 가족 독서를 시작합니다

3부

가족 독서 무엇을 읽을까?

Chapter 1

우리 가족
어린이문학 함께 읽기

초등 3~4학년은 아이의 독서 습관을 형성하는 첫 번째 기회입니다. 이미 한글을 뗐고, 그림책을 술술 읽으며, 글자가 적은 줄글 책이라면 한 권 전체를 혼자서 읽어내고 성취감을 느낄 수 있는 시기이지요. 어린이문학을 접하기 딱 좋은 때입니다.

2000년대 이후 국내 어린이문학 창작이 본격적으로 시작되었습니다. 2023년 현재, 국내 어린이문학 작가와 작품이 너무 많아서 무슨 작품을 어떻게 읽혀야 할지 막막할 정도입니다. 부모 세대가 어린이였던 1980~1990년대와는 확연히 다르지요. 우리나라에 어린이문학의 토대가 잘 갖추어지지 않았던 때, 어린이문학을 접하지 못한 채로 성장한 부모가 자녀에게 어린이문학을 권해야 하는 상황입니다.

우리 부부도 마찬가지였습니다. 국민학생 시절, 우리나라의 어린이문학이라면 계몽사에서 나온 '소년소녀 세계문학전집' 50권 중 48번째 책《한국 고대 소설집》, 49번째 책《한국 전래동화집》, 50번째 책《한국 현대 동화집》단 세 권을 읽은 게 전부였습니다. 부모가 되어 아이들에게 어린이문학을 읽어줄 때가 되자 막막해서 공부부터 해야 했습니다.

한국 어린이문학의 경우, 원종찬의《아동문학과 비평정신》과《한국 아동문학의 쟁점》, 이재복의《우리 동화 바로 읽기》등 아동문학 평론가가 쓴 비평서를 먼저 읽고서 시기별 주요 작가를 정리하여 계보를 만들었습니다. 이 계보를 중심으로 2000년대 이전 작가들은 대표 작품을 선별해 아이들과 함께 읽고, 2000년대 이후 작품은 아이들이 좋아하는 작가 위주로 읽었습니다. 외국 어린이문학의 경우, 재미있는 판타지 장편 동화 위주로 아이들과 함께 읽었습니다.

한국 어린이문학 중심으로 읽기

◦

다음은 제가 정리한 한국 어린이문학 계보입니다. 어린이문학 함께 읽기를 하시는 가족에게 도움이 되면 좋겠습니다. 이 계보에 포함하지 못한 좋은 작가와 작품이 많습니다. 이 계보를 참고하여 가

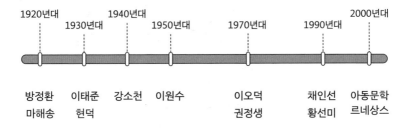

족 독서 계획을 세우고 직접 여러 작품을 읽어가며 관심사를 넓혀 보시기를 바랍니다.

어린이날을 제정한 인물로 알려진 소파 방정환은 1920~1930년 대에 아동문학가로 활동했습니다. 그의 창작 동화 중 우리 집 아이들에게 인기가 많았던 작품을 소개합니다. 《만년샤쓰》속 창남이는 가난한 환경에서도 쾌활하고 다른 사람에게 베풀 줄 아는 멋진 소년입니다. 매우 추운 겨울날, 창남이는 등굣길에 자신보다 어려운 처지의 아이가 추위에 떠는 것을 보고 교복 상의를 벗어 주고 맨몸으로 학교에 갑니다. 일단은 추워서, 다음으로는 벗은 몸이 창피하여 그대로 등교하기 힘든 상황이지요. 하지만 웃음을 잃지 않고 등교하는 창남이의 모습이 매우 인상 깊습니다.

《동생을 찾으러》와 《칠칠단의 비밀》은 방정환의 대표 탐정소설이자 일본제국주의가 강점하던 시기에 우리나라 어린이들의 삶이 어땠는지 엿볼 수 있는 작품입니다. 《칠칠단의 비밀》속 상호와 순

《만년샤쓰》, 방정환 글, 김세현 그림, 길벗어린이.
《동생을 찾으러》, 방정환 글, 임수진 그림, 보물창고.
《칠칠단의 비밀》, 방정환 글, 김병하 그림, 사계절.

자는 곡예단에서 일하던 중 자신들이 어린 시절에 잡혀온 아이들
이란 사실을 알게 됩니다. 그리하여 어릴 적에 잃어버린 부모님을
직접 찾아 나서지요. 당시에는 상호와 순자처럼 고향과 부모를 잃
고 끌려가 학대받으며 살아가는 어린이가 많았다고 합니다. 실제
로 일본군 '위안부'를 포함해 일제강점기에 강제로 동원된 사람이
국내에서만 500만 명, 해외로 끌려간 사람은 200만 명 정도로 추정
됩니다. 당시 우리나라 인구의 3분의 1이 넘는 사람들이 끌려간 셈
입니다. 방정환은 문학을 통해 당시 어린이들에게 직접 현실을 바
꾸어야 한다는 가르침을 전했습니다. "가만히 있지 마라!", "너희가
이 나라를 바꾸라!" 하고 말하는 방정환 선생님의 목소리가 들리는
듯합니다.

《바위나리와 아기별》, 마해송 글, 정유정 그림, 길벗어린이.
《토끼와 원숭이》, 마해송 글, 김용철 그림, 여유당.

마해송은 한국 최초의 창작 동화를 쓴 작가입니다.《바위나리와 아기별》이 그것입니다. 아기별과 바위나리가 하늘과 바다를 넘나들며 키워가는 사랑과 우정을 보여줍니다. 우화《토끼와 원숭이》는 조지 오웰의《동물농장》을 방불케 합니다. 강대국이 약소국을 침탈하는 제국주의 세계 질서를 비판하는 내용이 담겨 있기 때문이에요. 온 가족이 읽으면서 토끼 나라, 원숭이 나라, 곰 나라와 승냥이 나라가 실제 어느 나라를 빗댄 것인지 알아맞히는 시간을 가져도 좋겠습니다.

《엄마 마중》을 쓴 이태준과《나비를 잡는 아버지》를 쓴 현덕은 남북 분단 후 북으로 간 작가 중 예술성이 높은 동화를 쓴 것으로 유명합니다. 현덕의《나비를 잡는 아버지》에 등장하는 두 아이, 경환이와 바우는 마름 아버지를 둔 아들과 소작농의 아들이라는 계

《엄마 마중》, 이태준 글, 김동성 그림, 보림.
《나비를 잡는 아버지》, 현덕 글, 김환영 그림, 길벗어린이.

급의 차이가 있습니다. 가난한 소작농의 아들로 중학교에 진학하지 못한 바우는 중학생이 된 경환이 부럽기만 합니다. 어느 날 경환이 잘못을 저질렀는데, 소작농의 아들이라는 이유로 바우가 잘못을 빌어야 하는 사건이 발생합니다. 주인공 바우의 아버지가 바우를 대신해 용서를 구하기 위해 나비를 잡는 모습을 보고 바우가 현실을 직시하고 아버지를 이해하면서 한 뼘 성장하는 이야기입니다. 아빠와 아이가 함께 읽으며 노동하는 삶의 의미와 보람, 고충에 관해 이야기 나누는 시간을 가져보세요.

　권정생 작가는 한국 어린이문학의 별이라는 평가를 받습니다. 1969년에 《강아지똥》을 창작, 출판한 후 평생 150여 편의 동화를 쓰고 59권의 책을 냈습니다. 원종찬 아동문학 평론가는 "나는 권정생을 읽고 문학비평가가 되기로 맘먹었다. 교과서가 반공 교육으

《강아지똥》, 권정생 글, 정승각 그림, 길벗어린이.
《몽실 언니》, 권정생 글, 이철수 그림, 창비.

로 물들어 있을 때 권정생의 장편은 문학과 역사, 철학을 아우르는 나의 진짜 교과서였다."라고 말하기도 했지요.

권정생의 첫 책《강아지똥》은 '한국의《어린 왕자》'로 불립니다. 《강아지똥》은 지금까지 120만 부 이상 판매된 우리나라 그림책 역사상 최대 베스트셀러이자 스테디셀러이며, 초등학교와 중학교 국어 교과서에 수록되었습니다. 일본, 대만, 스위스, 중국, 폴란드, 베트남 등 세계 각국에 판권이 수출되고, 연극, 음악, 발레, 애니메이션 등 다양한 형태로 소개되면서 감동을 이어가고 있습니다. 문학평론가 김응교는 "권정생 선생은 단편 동화 120여 편, 장편 동화 6권, 장편소설 2권, 소년소설 3권, 산문집 2권, 시집 1권, 위인전 1권 등 방대한 저작을 남겼다. 방대하지만 그의 작품은 그의 첫 작품《강아지똥》의 풍성한 반복이다."라고 말하며《강아지똥》의 작품성을 높이 샀습니다.

한국 어린이문학사에서 이토록 중요한 권정생 작가를 가족 독서에서 다루지 않을 수 없겠지요. 권정생의 전작을 한 권 한 권 읽고 이야기를 나누면 좋겠지만 (저는 다 읽었습니다. 매우 뿌듯합니다.) 150여 편을 모두 읽을 수 없다면 대표작인 《강아지똥》과 《몽실 언니》만이라도 꼭 읽어보시기를 권합니다. 《몽실 언니》는 드라마와 영화로도 만들어진 권정생의 대표 장편 동화입니다. 전쟁통에 어떤 세상을 맞닥뜨리더라도 중심을 잃지 않고 꿋꿋하게 살아가는, 누구나 '사람'으로 안아주고 품어주는 몽실 언니를 만날 수 있습니다.

권정생의 단편 동화 중에는 그림책으로 출간된 작품이 많습니다. 《강아지똥》으로 시작해서 《오소리네 집 꽃밭》, 《황소 아저씨》, 《엄마 까투리》로 이어지는 권정생의 그림책은 아이들도 좋아합니다. 하지만 중장년 세대의 공감을 불러일으키는 주요 장편들은 어린 세대에게는 낯설 수 있습니다. 세대에 따라 다소 다르게 느낄 수 있는 작품을 읽는 방법을 한 가지 소개합니다. 차를 타고 먼 거리를 가야 할 때 오디오북을 틀어주는 것입니다. 우리 집 두 아이에게 그렇게 《몽실 언니》를 들려주었더니, 두 아이 모두 눈물을 흘리며 이야기에 귀를 기울였습니다.

가족끼리 나들이 할 만한 여행지를 찾고 있다면, 경북 안동의 '권정생 동화나라'를 방문해 보시기를 권합니다. 대한민국 최고의 아동문학가 권정생을 기념하여 만든 아동문학 전시 체험관은 권정생이 어린 시절을 보낸 마을의 폐교를 고쳐 그의 작품을 체험해 볼 수

《나쁜 어린이 표》, 황선미 글, 이형진 그림, 이마주.
《마당을 나온 암탉》, 황선미 글, 김환영 그림, 사계절.

있도록 꾸며놓은 공간이랍니다.

황선미는 1990년대에 첫 작품을 발표하여 지금껏 많은 사랑을 받는 작가입니다. 황선미의 동화는 양육자와 자녀 모두의 공감을 끌어냅니다. 《나쁜 어린이 표》 속 초등 3학년인 건우는 선생님으로부터 자꾸 '나쁜 어린이 표'를 받습니다. 특별히 잘못한 것도 없는데 말이지요. 선생님과 건우는 둘 사이 오해를 어떻게 해결할까요? 온 가족이 함께 《나쁜 어린이 표》를 읽으면서 오해에서 이해로, 갈등에서 화해로 가는 여정을 따라가 보세요.

《마당을 나온 암탉》은 우화입니다. 양계장에서 오직 달걀을 생산하기 위해 길러지는 산란용 암탉 '잎싹'은 더는 알을 낳지 못해 '폐계'가 되지만, 단 한 번이라도 알을 품어보겠다는 소망을 이뤄내고야 맙니다. 병에 걸려 식용으로도 팔리지 않는 잎싹은 버려질 위기에 처하지만, 청둥오리 친구 '나그네'의 도움으로 죽음의 구덩이에서 빠져나오지요. 그리하여 잎싹의 진짜 인생이 시작됩니다. 잎싹이 달걀이 아닌 오리알을 품고, 병아리 대신 야생 오리 '초록머리'를 키우다가 자연으로 되돌려 보내는 장면에서 엄마인 저는 잎싹에게, 우리 집 아이들은 초록머리에게 깊이 이입했습니다. 《마당을 나온 암탉》은 우리 가족에게 잊지 못할 시간을 선물해 준 동화입니다.

2000년대 이후 많은 동화 작가가 등장했습니다. 한국 어린이문학의 르네상스라고 불릴 정도로 좋은 작품이 대거 출간되고 있지요. 그만큼 우리 어린이문학으로 가족 독서를 할 때 선택의 폭이 넓어져서 좋습니다. 많은 작가 중 우리 집 두 아이가 가장 좋아하는 작가는 천효정과 유은실입니다. 천효정의 《콩이네 옆집이 수상하다!》와 《아저씨, 진짜 변호사 맞아요?》, 유은실 글, 오승민 그림의 《나의 독산동》과 단편 동화집 《멀쩡한 이유정》을 가장 좋아합니다.

초등 2학년 때 작은아이는 한동안 천효정 작가의 열혈 팬이었습니다. 당시 6학년이었던 큰아이 역시 《건방이의 건방진 수련기》와 《아저씨, 진짜 변호사 맞아요?》를 재미있게 읽었고, 천효정 작가에게 '믿보작'이라는 애칭을 붙이더라고요. 풀어 쓰면 믿고 보는 작가라는 뜻이랍니다.

《콩이네 옆집이 수상하다!》에 등장하는 콩이는 생쥐입니다. 늘 심심해하며 돌아다니는 콩이는 어느 날 집 근처 풀숲 바닥에서 구멍 하나를 발견하고서 이웃사촌이 생기기를 기대합니다. 구멍 속

《콩이네 옆집이 수상하다!》, 천효정 글, 윤정주 그림, 문학동네.
《아저씨, 진짜 변호사 맞아요?》, 천효정 글, 신지수 그림, 문학동네.

을 들여다보다가 시커먼 무언가가 슬금슬금 움직이자 두려운 마음이 들기도 합니다. 구멍 속에 사는 존재에 대해 뒷말 대장 두더지 빽이는 "다리가 여섯 개래!"라고, 비비 꼬아 말하기 좋아하는 청개구리 씨니는 "눈이 다섯 개래!"라고 말하지요. 얼굴에 난 칼자국과 동물 사체가 들어 있을 것만 같은 봇짐 때문에 건달로 오해받는 청설모 깡군은 "패거리로 다닌대!"라고 말을 보태지요. 콩이는 숲속 친구들과 함께 꼬리를 무는 질문과 소문을 따라가며 구멍 속 이웃이 누구인지 상상합니다. 콩이네 이웃은 누구일까요? 궁금하다면 《콩이네 옆집이 수상하다!》를 읽어보세요. 초등 2학년 국어 교과서에 실린 작품이랍니다.

《아저씨, 진짜 변호사 맞아요?》는 언제나 일등, 최연소 사법시험

합격, 사법연수원 수석에 빛나는 천재 변호사 '빙빙' 씨와 전교 꼴찌에 말썽 대장, 초등 5학년인 '하록'이 한바탕 대결을 펼치는 이야기입니다. 이야기 속에서 일등과 꼴등, '엄친아'와 '꼴통' 등 명백하게 구분된 이분법이 뒤집히고 섞이다가 어느새 그 구분이 모호해집니다. 천재 패소 전문 변호사 빙빙 씨가 꼴찌 인권 전문 변호사가 되는 순간과 전교 꼴찌에 말썽꾸러기 담당 하록이 늘 일등만 하는 친구 우성이 엄마의 등을 토닥이는 장면은 가슴이 먹먹해질 정도로 감동적입니다. 책을 읽고 나면 '일등과 꼴등은 무엇을 의미하는가?', '왜 모두들 같은 목표(일등)를 향해 달리고 있나?', '일등을 한다고 행복하게 살게 되는 것도 아닌데, 도대체 어디서부터 잘못된 걸까?' 등 생각이 많아집니다. 당시 초등 6학년이던 큰아이는 《아저씨, 진짜 변호사 맞아요?》를 읽고 나서 자꾸 헷갈린다고 했습니다. 삶의 목표를 어떻게 잡아야 할지 잘 모르겠다고요.

가족 독서로 《아저씨, 진짜 변호사 맞아요?》를 읽고 나서 우리 부부는 추상적이지만 확실한 다짐을 했습니다. 일등을 하건 꼴등을 하건, 아이와 눈높이를 맞춰 있는 그대로의 모습을 존중하자고, 등수가 중요한 게 아니라고 말해주자고 말입니다. 재미도 있고 생각할 거리도 한 아름 안겨주는 《아저씨, 진짜 변호사 맞아요?》를 꼭 읽어보세요.

《나의 독산동》 속 은이는 받아쓰기할 때 'ㅁ'과 'ㅂ'을 헷갈리지만 이웃과 동네 소식에는 관심이 많습니다. 은이가 사지선다형 사회 시험문제를 풀면서 느꼈던 혼란을 담담하게 풀어나가며 이야기

《나의 독산동》, 유은실 글, 오승민 그림, 문학과지성사.
《멀쩡한 이유정》, 유은실 글, 변영미 그림, 푸른숲주니어.

가 전개됩니다. 은이와 엄마 아빠의 대화를 따라가다 보면 학교 수업과 교과서, 시험지 너머에 있는 배움을 얻을 수 있습니다. 《나의 독산동》이 보여주는 가족의 모습은 우리 집 가족 독서의 목표와도 맞닿아 있습니다.

다섯 편의 단편 동화를 엮은 《멀쩡한 이유정》에는 대단하지도, 멋지지도 않은 아이들의 이야기가 나옵니다. 심각한 길치로 학교에서 집으로 돌아가는 길을 찾지 못하는 4학년 여자아이 유정이에게서 어릴 적부터 어른이 된 지금도 해결 못 한 우리의 문제를 마주하게 됩니다. 길치 유정이와 유정이네 집을 찾아 헤매는 또 다른 길치 어른인 학습지 선생님이 만나 함께 집을 찾아 헤매는 결말은 폭소와 함께 '길치면 어때? 물어보고 도와주고 함께 헤매는 게 인생이지!' 하는 해방감을 선사하지요. 숨기고만 싶었던 나의 문제를 인정하고 어제와 별반 다르지 않은 오늘을 살아낼 힘을 줍니다.

자, 어떠셨나요? 한국의 어린이문학 작가 중에 우리 가족이 가장 좋아하는 작가는 누구인지 궁금하지 않으셨나요? 우리 부부는 권정생 작가를, 두 아이는 천효정 작가와 유은실 작가를 가장 좋아하는 작가로 꼽았습니다. 두 아이가 좋아하는 작가의 계보는 손원평과 이꽃님, 김동식, 남유하 작가 등 청소년 문학으로 확장되어 점차 늘어나고 있습니다. 아이들의 자발적인 문학 읽기와 함께, 가족 독서를 통해 한국의 어린이문학을 두루 섭렵했기에 가능한 일이라 생각합니다.

외국 어린이문학 중심으로 읽기

한국 어린이문학은 공간적 배경이나 등장인물의 이름이 익숙해 가족 독서를 할 때 아이들이 잘 따라오는 편이지만, 세계 각국의 어린이문학은 그 문화에 대한 이해도가 낮으면 잘 따라오지 못하는 경우가 있습니다. 외국 어린이문학을 처음 읽을 때 무조건 재미있는 책으로 시작해야 하는 이유입니다.

외국 어린이문학을 처음 읽는다면, '20세기 최고의 이야기꾼'이라는 로알드 달의 작품으로 시작해 보세요. 작가의 평전을 먼저 읽으면 가족 독서를 진행할 때 도움이 된답니다.

오늘, 가족 독서를 시작합니다

《천재 이야기꾼 로알드 달》, 도널드 스터록 글, 지혜연 옮김, 다산기획.
《마틸다》, 로알드 달 글, 퀸틴 블레이크 그림, 김난령 옮김, 시공주니어.
《찰리와 초콜릿 공장》, 로알드 달 글, 퀸틴 블레이크 그림, 지혜연 옮김, 시공주니어.
《마녀를 잡아라》, 로알드 달 글, 퀸틴 블레이크 그림, 지혜연 옮김, 시공주니어.

    아홉 살 기숙학교에서 맞은 첫 번째 일요일부터 32년 후 어머니가 돌아가신 날까지, 로알드 달은 매주 한 번, 때로는 그보다 자주 어머니에게 편지를 썼습니다. 학교를 졸업하고 처음으로 직장 생활을 했던 동아프리카와 다르에스살람에서도, 제2차 세계대전 중에 케냐와 이라크, 이집트에서 영국 왕립 공군의 전투기를 조종할 때도 매주 빠짐없이 집으로 편지를 보냈지요.

    로알드 달은 제2차 세계대전 중 비행기가 격추되는 사고로 여러 달 동안 실명 상태로 지내며 안면 성형수술을 받았고, 부상의 후유증으로 귀국했습니다. 고국으로 돌아온 달에게 어머니는 그동안 그가 부친 편지를 한데 묶어서 보내주었어요. 자신의 기록이기도 한 편지 꾸러미는 달에게 회복의 에너지가 되어주었습니다. 그로부터 2년여가 지나고 달은 글을 쓰기 시작했지요.

로알드 달이 일곱 살부터 아홉 살까지 다녔던 란다프 대성당 학교의 무시무시한 쿰즈 교장 선생님은 《마틸다》의 트런치불 교장 선생님으로, 학창 시절 렙턴 학교의 기숙사에서 지내면서 캐드버리 회사의 초콜릿 테스터로 활동했던 경험은 35년이 지나 《찰리와 초콜릿 공장》으로 재탄생했습니다. 달이 어머니에게 32년 동안 보낸 편지들이 다시 달에게 돌아와 마르지 않는 글감이 되어준 것이지요. 그의 기록이 동화가 되었습니다.

가족 독서에서 로알드 달 동화 전작 읽기를 한 후 '우리 가족 로알드 달 베스트 3'를 뽑았습니다. 1위 《마틸다》, 2위 《찰리와 초콜릿 공장》, 3위 《마녀를 잡아라》입니다. 특히 《마틸다》와 《찰리와 초콜릿 공장》을 두고 두 아이가 한참 동안 설전을 펼쳤습니다. 두 작품 모두 무척 좋으니까요. 근소한 차이로 《마틸다》가 1위를 차지했습니다.

《마녀를 잡아라》는 교통사고로 엄마 아빠를 잃은 소년이 할머니와 함께 살게 되면서 이야기가 시작됩니다. 왕년에 마녀 전담반으로 활동했던 할머니는 소년에게 아이들을 잡아먹는 마녀들에 관한 이야기를 해줍니다. 마녀들에 의해 쥐로 변한 소년은 아이들을 쥐로 만들어 잡아먹으려는 마녀들에 맞서며 모험을 하게 됩니다. 일곱 살, 세 살 때까지 친가와 외가를 오가며, 또 집에서 할머니들의 손에서 자란 우리 집 두 아이는 실제로 할머니들이 마녀가 아닐까 상상한 적이 많았다고 해요. 아이들은 그때를 떠올리며 《마녀를 잡아라》를 재미있게 읽었답니다.

《찰리와 초콜릿 공장》은 세상에서 가장 큰 초콜릿 공장의 주인인 윌리 웡카가 초콜릿 속에 숨겨둔 단 다섯 장의 초대장에 당첨된 이들을 공장으로 초대하겠다고 발표하면서 이야기가 시작됩니다. 일 년에 딱 한 번만 초콜릿을 사 먹을 수 있을 정도로 몹시 가난한 찰리가 다섯 번째 초대장의 주인공이 되고, 다른 네 명의 아이와 함께 초콜릿 공장을 방문하지요. 이들은 초콜릿 공장에서 여러 사건을 겪게 되는데, 윌리 웡카가 찰리의 착하고 사려 깊은 마음에 감동해 초콜릿 공장을 물려주게 된다는 이야기입니다. 무척 흥미진진하지만, 지극히 교훈적인 결말이어서 《마틸다》에 1위 자리를 내주고 말았어요.

《마틸다》는 세 살 때 신문을 읽고 다섯 살 때 찰스 디킨스의 《위대한 유산》을 읽어낸 엄청난 독서광 마틸다에 관한 이야기입니다. 마틸다의 엄마 아빠는 텔레비전만 보고 돈만 밝힐 뿐 마틸다에겐 관심도 없습니다. 학교도 마틸다가 마음 붙일 만한 곳은 아니지요. 트런치불 교장의 끔찍한 비밀을 알게 된 마틸다는 분노에 떨며 눈짓으로 사물을 움직이는 초능력을 개발합니다. 눈짓 한 번으로 무겁고 거대한 물건까지 옮길 정도로 대단한 초능력을 갖게 된 마틸다는 마침내 자기 능력으로 트런치불 교장을 학교에서 쫓아냅니다. 독서광 마틸다가 못된 어른들을 혼내주는 이야기. 우리 집 아이들의 사랑을 듬뿍 받을 만하지요.

부모 세대와 자녀 세대가 모두 즐겁게 읽을 수 있는 동화 작가가 여기 또 있습니다. 스웨덴의 아동문학가 아스트리드 린드그렌입니

《아스트리드 린드그렌》, 마렌 고트샬크 글, 이명아 옮김, 여유당.
《내 이름은 삐삐 롱스타킹》, 아스트리드 린드그렌 글, 잉리드 방 니만 그림, 햇살과 나무꾼 옮김, 시공주니어.
《나의 린드그렌 선생님》, 유은실 글, 권사우 그림, 창비.
《사자왕 형제의 모험》, 아스트리드 린드그렌 글, 일론 비클란드 그림, 김경희 옮김, 창비.

다. 세상에서 가장 힘이 센 꼬마 여자아이 '삐삐' 캐릭터를 만들어 낸 장본인입니다. 그가 쓴 100권이 넘는 책은 85개 언어로 번역되어 세로로 쌓으면 에펠탑 175개, 가로로 꽂으면 지구 3바퀴를 돌 정도의 양이 팔렸다고 해요. 그만큼 전 세계 어린이 독자의 사랑을 받은 작가입니다. 스웨덴 교육 문화 환경에 지대한 영향을 미친 사회 운동가이기도 하고요.

린드그렌은 우연한 기회에 삐삐 이야기를 만들게 되었어요. 딸 카린이 일곱 살 무렵 폐렴에 걸려 침대에 누워 지내야 했을 때 느닷없이 "삐삐 롱스타킹 이야기 해주세요."라고 말했고, 린드그렌은 삐삐가 누구냐고 묻지도 않고 곧바로 삐삐 이야기를 지어서 들려주었다고 합니다. 이름만큼이나 독특한 여자아이가 등장하는 삐삐 이야기는 그 뒤로도 계속 이어졌다고 해요. 몇 년 뒤, 린드그렌이 눈길에 넘어져 다리를 다치게 되었고, 그때 딸에게 들려주었던 이야기를 글로 쓰면서 《내 이름은 삐삐 롱스타킹》이 책으로 나와 세상의 빛을 보게 되었습니다.

아스트리드 린드그렌의 동화가 처음이라면 유은실 작가의 《나의 린드그렌 선생님》과 함께 읽기를 권합니다. 《나의 린드그렌 선생님》의 목차는 전부 린드그렌 작가의 동화 제목으로 구성되어 있습니다. 주인공 소녀는 엄마가 노래방에서 부른 '말괄량이 삐삐'를 듣고 《내 이름은 삐삐 롱스타킹》을 쓴 작가를 알게 되면서, 그의 작품을 한 권 한 권 읽으며 성장해 갑니다. 주인공의 독서 체험을 통해 린드그렌의 작품 세계를 엿볼 수 있을 뿐만 아니라, 소녀의 잔잔한 일상도 들여다볼 수 있습니다. 주인공의 독서 체험을 좇아가며 책을 따라 읽는 재미도 있고요.

'우리 가족 아스트리드 린드그렌 베스트 1'은 《사자왕 형제의 모험》이랍니다. 린드그렌이 일흔이 넘어 쓴 《사자왕 형제의 모험》은 형제 간의 우애를 중심으로 죽음과 사후 세계 등 동화에서 흔히 볼 수 없는 삶의 무거운 주제들을 다루고 있습니다. 동생 칼은 못생기고 겁쟁이에 병약한 아이입니다. 형 요나탄은 잘생긴 데다 착하고 친절하며 건강한 아이입니다. 형 요나탄은 동생 칼을 지극정성으로 보살피지요. 어느 날 칼은 엄마가 동네 아주머니와 나누는 대화를 엿듣고 두려움에 떨게 됩니다. 자신이 곧 죽게 될 거라는 끔찍한 이야기를 들었기 때문입니다. 하지만 예상과 정반대의 일이 벌어집니다. 엄마가 집을 비운 사이 불이 난 것입니다. 형 요나탄은 홀로 남겨진 동생 칼을 구하기 위해 불길 속으로 뛰어들어 동생을 업고 창문 밖으로 뛰어내립니다. 동생 칼은 살아남지만 형 요나탄은 죽고 말지요. 얼마 지나지 않아 칼도 죽게 되었어요. 사후 세계인 낭기열라에서 다시 만난 형제는 아무리 위험해도 반드시 해내야 하는 일을 하게 되면서 사자왕 형제의 모험이 펼쳐집니다. 낭기열라에서는 동생 칼이 형 요나탄을 구합니다. 악당에 맞서며 "사람답게 살고 싶어서, 그러지 않으면 쓰레기와 다를 게 없으니까."라고 말하는 요나탄의 목소리가 우리 가족의 마음에 남았습니다.

미하엘 엔데는 독일의 동화 작가입니다. 앞서 '맛있는 책'으로 소개한 《마법의 설탕 두 조각》과 더불어 《모모》로 널리 알려졌지요. 미하엘 엔데가 쓴 《모모》는 우리 집 큰아이가 가장 좋아하는 책입니다. 초등 2학년 때 처음으로 읽고 매년 3월이면 연중행사로 이 책을 집어 듭니다. 새 학년 새 학기, 새로운 교실과 선생님, 친구들에 적응하느라 마음이 바빠지는 시기에 다시 한번 자기 시간의 주인이 되겠다는 목표를 다지고자 읽는다고 해요. 읽을 때마다 새롭게 느껴지는 좋은 책이랍니다.

독서 근력이 어느 정도 만들어진 초등 고학년 아이라면, 미하엘 엔데의 《끝없는 이야기》 혼자 읽기에 도전해 보기를 권합니다. 현실에서는 존재감 없는 소년 바스티안이 우연히 《끝없는 이야기》라는 책을 읽게 되고, 책 속으로 들어가 모험을 하게 되는 내용입니다. 책 속의 세상에서 '생명의 물'로 대변되는 꿈과 사랑, 이상 같은

《마법의 설탕 두 조각》, 미하엘 엔데 글, 진드라 차페크 그림, 유혜자 옮김, 한길사.
《모모》, 미하엘 엔데 글, 한미희 옮김, 비룡소.
《끝없는 이야기》, 미하엘 엔데 글, 허수경 옮김, 비룡소.

가치를 좇아본 소년이 그 경험을 바탕으로 과거와는 전혀 다르게 현실을 가꾸게 되지요. 왜 책을 읽어야 하는가에 대한 해답을 찾을 수 있는 책입니다.

　외국 어린이문학 읽기가 재미있다면, 어린이문학 고전 읽기에 도전해 보는 것도 좋습니다. 아이들에게 여유 시간이 많은 방학이 좋겠지요. 외부 활동을 하기 어려운 때는 고전 읽기를 시도해 보기 가장 좋은 시기입니다. 코로나 팬데믹이 시작된 첫해, 우리 집 작은 아이는 초등 5학년이었습니다. 주로 학습 만화를 읽던 시기였지요. 날마다 거실 독서 시간에 어린이문학을 (억지로, 온 가족이 읽으니까 어쩔 수 없이) 읽는 수준이었고요.

　겨울방학이 길어지자 작은아이는 2019년에 개봉했던 영화 〈작은 아씨들〉을 떠올리고서 책으로 한번 더 읽고 싶다고 했습니다. 그래서 바로 책장에 있던 시공주니어의 《작은 아씨들》을 건네주었지요. 작은아이는 영화와 책의 내용을 비교하면서 읽더니, 집에 있는 책이 완역본이 아니라면서 《작은 아씨들》 완역본을 구해달라고 했습니다. 온 가족이 대형 서점으로 출동했고 (작은아이가 두꺼운 줄글 책을 사달라고 한 게 이때가 처음이었거든요!) 여러 권의 완역본을 비교한 끝에 작은아이는 월북에서 나온 968쪽의 '걸 클래식 컬렉션' 양장본을 골랐습니다. 생애 최초로 두꺼운 완역본을 공들여 읽어낸 작은아이는 《빨강머리 앤》, 《이상한 나라의 앨리스》, 《우산 타고 날아온 메리 포핀스》 등 어린이문학의 고전들을 읽어냈고, 열렬한 문학 애독자가 되었습니다.

비단 우리 집 작은아이만의 이야기가 아닙니다. 긴긴 방학 동안, 문학의 세계에 빠져드는 아이들이 있습니다. 제가 아는 초등 4학년 아이는 집에서 애니메이션 〈빨강머리 앤〉을 보다가 문득 책을 읽고 싶어 완역본을 챙겨 읽고 나서 같은 책이라도 출판사와 옮긴이에 따라 책의 물성과 문장이 주는 글맛이 달라진다는 것을 알게 되었습니다. 그래서 《빨강머리 앤》을 출판사·옮긴이별로 구해서 읽기도 하더라고요. 여름방학이나 겨울방학 기간을 독서 분야를 넓히는 시기로 활용해 보세요. 가족 독서 시간에 어린이문학의 고전 읽기를 권합니다.

'비룡소 클래식' 시리즈, 로버트 루이스 스티븐슨 외 글, 정영목 외 옮김, 비룡소.

'네버랜드 클래식' 시리즈, 루이스 캐럴 외 글, 손영미 외 옮김, 시공주니어.

《작은 아씨들》, 루이자 메이 올콧 글, 공보경 옮김, 윌북.

Chapter 2

우리 가족
어린이 비문학 함께 읽기

가족 독서는 가족 구성원 모두가 함께 책을 읽는 것을 전제로 합니다. 정확히 표현하면, 책은 조금 읽고 이야기를 많이 나누는 것이지요. 어린 자녀와 함께 가족 독서를 하려면 때로는 '끌어주고' 때로는 '깔아주어야' 합니다. 어린이문학 읽기의 경우 그림책 읽어주기에서 옛이야기 들려주기를 거쳐 줄글 책을 읽을 수 있도록 끌어주어야 하지만 어린이 비문학 읽기는 일단 집안 곳곳에 비문학 자료를 깔아두어야 합니다.

먼저 사전과 도감으로 아이의 흥미가 어디로 향하는지 지켜보세요. 아이가 좋아하는 분야를 알게 되었다면, 그 분야의 책을 깔아두면 됩니다. 아이는 이 책 저 책 표지를 구경하고 들춰보고 펼쳐 읽어보면서 그 분야와 친해질 거예요. 좋아하는 분야의 책을 다양하게 훑어보는 시간이 쌓여가면 관심사는 때로는 확장되고 때로는 깊어지겠지요. 이러한 독서 경험이 진학과 진로에 영향을 미친답니다. 아이가 초등 중학년이 되면 사춘기 몸과 마음의 변화에 관한 정보책을 함께 읽고 준비할 수 있도록 도와주세요. 신문 읽기로 세상과 소통하는 시간도 가져보시기 바랍니다.

매일 아침 식탁에서 신문 기사 읽기

。

가족 독서를 13년 했다고 하면 묻습니다. 독후 활동을 하는지, 독서 기록을 쓰게 하는지 등 책 읽기와 글쓰기를 연결해서 어떻게 결과물을 끌어내는지 질문합니다. '하루 한 시간 책 읽는 시간, 주말 두 시간 책 이야기 나누는 시간'을 우리 집 가족 독서를 위한 약속으로 정했고 이를 지키기 위해 노력했지만, 책 이야기를 나누는 주말에 돌아가며 그 주에 읽은 책을 이야기하는 것 외에 다른 독후 활동을 한 적은 없습니다. 가족이 나눈 이야기를 기록하기는 했습니다만, 아이들에게 책을 읽고 나서 따로 독서 기록을 쓰라고 하진 않았습니다. 가족 독서를 숙제로 여기지 않도록 어떠한 글쓰기도 독려하지 않았지요. 독후 활동을 하지 않는 것이 가족 독서를 오래 할 수 있었던 비결인 것 같습니다.

다만 아이들의 글쓰기 실력을 높여주려고 한 일은 있습니다. 바로 신문 기사 읽기입니다. 아이가 초등 고학년이 되면서부터 하루 한 편의 신문 기사를 오려놓았습니다. 물론 매일 하지는 않았고, 아이가 궁금해할 만한 기사에 한해서만요. 먼저 온 가족이 모여 어느 신문을 구독할지 상의했습니다. 몇 군데 신문사의 기사들을 비교, 검토한 후 한 신문사를 선택해 종이 신문 정기 구독을 신청했습니다.

큰아이 초등 3학년 때부터 구독해서 10년째 매일 종이 신문을 읽고 있습니다. 제가 먼저 신문을 읽으면서 아이가 관심 가질 만한 기사가 보이면 가위로 잘라 식탁 위에 올려두는 것이 전부입니다. 그 신문 기사들을 따로 모으지는 않고, 일주일 정도 식탁 위에 두었다가 재활용 수거함으로 직행했습니다. 신문이란 그날그날의 소식을 접하는 것이 중요하기에 그날 못 읽은 기사는 버리는 것을 원칙으로 삼았습니다.

아이들이 처음부터 신문 기사에 관심을 가질 확률은 매우 낮습니다. 아침을 먹으면서 어떤 날은 기사 제목만 읽어주고 또 어떤 날은 내용을 알려주고, 또 다른 날은 소리 내어 읽어주는 방식으로 서서히 신문과 친해지도록 도왔습니다. 어릴 적부터 사전과 지식책 읽기를 좋아했던 큰아이는 몇 주 지나지 않아 신문에 관심을 보였고, 이제는 매일 종이 신문을 즐겨 읽는 고등학생이 되었습니다. 이야기책을 좋아하는 작은아이는 초등 6학년 때부터 신문 기사를 조금씩 읽기 시작했지만, 일부러 챙겨 읽지는 않더라고요.

학년이 올라가면 교과에서 글쓰기 비중이 커집니다. 수행평가는 글쓰기가 대부분이고, 시험에서도 서술형 문항의 비율이 점점 늘어나는 추세입니다. 학교에서 아이들이 써내야 하는 글은 문학보다는 설명문이나 논설문 형식의 비문학 글쓰기입니다. 이러한 글쓰기는 신문 읽기를 통해 배울 수 있습니다. 초등 고학년부터 매일 신문 기사를 하나씩 꾸준히 읽은 아이는 논술 학원에 다니지 않아도 논리적으로 글을 쓸 수 있습니다.

비문학을 좋아하고 신문 기사도 즐겨 읽던 큰아이는 초등 고학년이 되자 청소년 기자단 활동에 관심을 보였습니다. 초등 5학년 때 지역 신문사에 청소년 기자로 선발되어 한 학기 동안 매주 신문이 제작되는 과정에 참여했어요. 중학생 기자 두 명과 함께 쓴 인터뷰 기사가 실제로 신문에 게재되기도 했습니다. 직접 기자가 되어 보는 경험을 해봤기 때문인지 큰아이는 신문 읽기를 정말 좋아하더라고요. 직업 체험을 통해 글을 써보는 활동은 원래 비문학을 좋아하던 아이에게는 글쓰기 훈련의 기회를, 비문학에 관심 없는 아이에게는 관심사를 넓히는 계기를 제공해 줄 수 있습니다.

큰아이는 과학, 특히 공학에 관심이 많습니다. 그래서 신문에서 로봇이나 기계 관련 기사를 주로 오려주었습니다. 작은아이는 예술, 그중에서도 미술에 관심이 많습니다. 그래서 미술이나 웹툰, 특히 네 컷 만화를 주로 잘라주었지요. 사춘기에 몸이 변화하기 시작하자 아이들은 여성과 남성의 차이, 우리 사회의 성차별, 혐오 문제에 특히 관심을 보였습니다. 그즈음 '여성'을 주제로 한 기획 기사를 잘라서 식탁 위에 올려두었더니 열심히 읽더라고요. 이렇게 아이의 관심사에 따라 신문 기사를 선별해 주면 글쓰기를 요구하는 수행평가와 대학 입학시험의 논술 전형을 아이에게 부담이 되지 않는 선에서 자연스럽게 대비할 수 있습니다. 특히 신문 사설 읽기는 논리적이고 설득력 있는 글을 쓰는 데 밑거름이 됩니다. 신문을 읽은 햇수가 어느 정도 쌓인 후에는 '하루에 신문 사설 하나 읽기'에 도전해 보는 것도 좋습니다.

국어사전·백과사전·도감 찾아 읽기

초등 3~4학년 국어 수업 시간에 국어사전 사용법을 배웁니다. 선생님이 사물함에 국어사전을 비치해 두라고 할 때, 집에도 같은 사전으로 한 권 더 갖춰두면 좋습니다. 학교에서 사전 사용법을 배우지만, '디지털 네이티브'인 요즘 아이들은 일상생활에서 사전을 잘 활용하지는 않습니다. 스마트폰으로 검색만 하면 모르는 단어가 손쉽게 해결되기 때문이지요. 하지만 종이 사전을 사용하면 좋은 점이 참 많습니다. 인터넷 사전보다 종이 사전이 단어의 정확한 속뜻 풀이, 유사한 단어의 나열, 한자어의 기재, 예문의 다양성 등 내용이 훨씬 더 풍부하다는 장점이 있어요. 게다가 종이 사전에서 단어를 찾다가 호기심이 발동해 딴 길로 새게 되면 어휘력이 향상되는 긍정적인 효과를 볼 수도 있지요. 단어를 검색하려고 인터넷 창을 여는 순간, 사전 사이트에 들어가 볼 새도 없이 유튜브나 게임 사이트로 직진하는 경우가 허다하더라는, 더 현실적인 이유로도 종이 사전 사용을 권합니다. 그러니 처음부터 종이 사전을 보는 습관을 들이는 게 좋겠지요.

사전 읽기는 비문학 읽기의 시작이라고 할 수 있습니다. 사전에서 단어를 하나둘 찾아 읽던 것이 백과사전을 펼쳐보는 경험으로 이어지고, 백과사전을 둘러보며 관심사를 발견하게 되면 그 분야 책 읽기로 이어지기 때문입니다. 단어의 뜻을 정확히 알아야 정확한 독해가 가능합니다. 이는 정확한 말하기와 글쓰기의 토대가 되지요. 아이가 사전을 가까이하는 습관을 들이려면 양육자의 노력이 필요합니다. 학교에서 사전 사용법을 배울 때, 가정에서도 사전을 활용할 수 있도록 챙겨주세요. 신문 기사를 읽다가 모르는 단어가 나오면, 양육자가 먼저 사전을 찾아서 단어의 뜻과 용법을 확인하는 모습을 보여주세요. 그러면 아이도 자연스레 사전과 가까워질 거예요.

식탁에 그날의 신문 기사 하나와 함께 국어사전을 두고, 거실에는 각종 백과사전과 도감을 두세요. 세밀화로 그린 도감은 비문학을 싫어하는 아이들도 곧잘 봅니다. 우연히 마주친 꽃이나 나무의 이름이 궁금할 때, 곤충과 동물을 자세히 알고 싶을 때 간간이 찾아보는 용도로 활용하면 됩니다. 백과사전은 사진이나 그림을 보는 것만으로도 도움이 됩니다. 아이에게 도감이나 백과사전의 모든 글자를 읽으라고 하지 마세요. 비문학 자료를 깔아두는 이유는 아이의 관심사가 어디로 향하는지 알기 위함입니다.

《보리 국어사전》, 토박이 사전 편찬실 편집, 윤구병 감수, 보리.

'세밀화로 그린 보리 어린이 도감' 시리즈, 전의식 외 글, 권혁도 외 그림, 보리.

어린이 비문학 읽기는 아이가 스스로 관심 있는 정보를 찾아서 혼자 읽기를 시도할 때 의미가 있습니다. 원하는 부분만 골라서 읽도록 해주어야 오래도록 질리지 않을 수 있고요. 그러니 집안에 사전과 도감을 깔아두기만 하면 되겠지요. 우리 가족도 집안 곳곳에 여러 종류의 사전과 도감을 놔두었어요. 큰아이가 가장 열심히 본

사전은 '브리태니커 비주얼 사이언스'입니다. 고등학생인 지금도 아이의 책장 가장 좋은 위치에 이 시리즈의 사전들이 쫘르륵 꽂혀 있답니다. 작은아이는 사전보다는 도감을 더 좋아했어요. 작은아이 가 좋아하는 도감은 세밀화로 그린 도감입니다. 그중 식물도감과 나무도감을 가장 좋아한답니다. 보리에서 출간된 '세밀화로 그린 어린이 도감' 시리즈를 가족 독서에 활용해 보세요.

몸과 마음의 변화를 알려주는 정보책 읽기

환경과 식생활의 변화로 부모 세대보다 성장 속도가 빨라진 아이 들을 보면 놀랍기도, 걱정스럽기도 합니다. 우리 아이 키가 제대로 자라고 있는 걸까, 혹시 비만은 아닐까, 성조숙증은 아닐까 하고 말 이지요. 여자아이는 만 8세에, 남자아이는 만 9세에 사춘기가 시작 된다고 합니다. 아이가 초등 중학년이 되면 몸과 마음의 변화가 슬 슬 시작됩니다. 이때 가족 독서에서 관련 책들을 읽으면서 우리 아 이 사춘기를 준비하면 좋습니다.

사춘기란 아이에서 어른이 되는 시기, 즉 생식기관이 성장하는 시기입니다. 사춘기 소녀의 몸은 월경을 준비합니다. 월경은 언제 할지 가늠할 수 있기에 소녀의 사춘기는 선로를 따라가면 역에 다 다르는 '기차 여행'에 비유합니다. 사춘기 소년의 몸에서 나타나는 발기와 사정은 늘 시기적절하지는 않기에 소년의 사춘기는 언제 닥칠지 모를 파도에 맞서야 하는 '항해'에 비유하는 것이 더 적합하겠습니다. 초경을 할 무렵의 소녀에게 엄마나 선배 여성이 미리 정보를 주는 것처럼, 사춘기를 앞둔 소년에게도 자신의 몸을 잘 보살필 수 있도록 필요한 정보를 미리 알려주어야겠지요. 사춘기를 지나는 아이와 함께 읽기 좋은 책들을 소개합니다.

《소녀들을 위한 내 몸 안내서》와 《소녀들을 위한 내 마음 안내서》는 딸 키우는 양육자의 고민을 싹 해결해 줍니다. 호르몬이 사춘기 기차에 탑승하라고 온몸에 신호를 보내면 빠른 성장과 함께 가슴 발달이 진행되고, 겨드랑이와 생식기에 털이 나며, 질 분비물이 생성되고 월경을 하게 됩니다. 이 과정을 순서대로 따라가면 어느새 사춘기 종착역에 이르게 되지요. 이 책은 사춘기 변화가 저마다 딱 맞는 시기에 찾아오므로 남들보다 조금 이르거나 늦어도 괜찮다고 말해줍니다. 너무 빠르거나 늦은 발달로 고민하는 소녀들에게는 어떻게 대처해야 할지 구체적으로 알려주지요. 《소녀들을 위한 내 마음 안내서》는 이러한 몸의 변화에 더하여 혼란스러운 사춘기 감정을 다루는 방법을 안내합니다. 소녀들이 자신의 감정을 알아차리고 몸과 마음의 변화를 긍정할 수 있도록 일상에 적용할 만한 여러 상황을 제시하여 미리 연습해 볼 수 있도록 이끕니다.

《소년들을 위한 내 몸 안내서》와 《소년들을 위한 내 마음 안내서》는 아들 키우는 양육자에게 꼭 필요한 책입니다. 특히 소년이었던 적이 없는 엄마들에게는 아들의 사춘기가 두려울 수밖에 없습

'내 몸·마음 안내서' 시리즈, 소냐 르네 테일러 외 글, 김정은 외 옮김, 휴머니스트.

니다. 엄마가 먼저 읽고 아들에게 권하면 더 좋겠지요. 이 책은 키와 몸무게, 목소리의 변화, 털과 면도는 물론이고, 건강한 생활 습관을 유지하는 방법을 사려깊게 알려줍니다. 특히 말로 설명하기 어려운 발기나 자위, 몽정과 사정 등을 풍부한 그림 자료와 함께 자세히 설명해 준답니다. 《소년들을 위한 내 마음 안내서》에서는 사춘기 소년들이 감정과 호르몬의 급격한 변화를 이해하고 잘 적응할 수 있도록 도와줍니다. 나아가 세상이 말하는 '멋진 남성'의 틀에 얽매이지 않고 스스로 부끄럽지 않은 멋진 사람으로 성장할 수 있도록 이끌어줍니다. 내 안의 혐오에 맞서고, 평등한 우정과 건강한 관계를 맺을 수 있도록 말이지요.

'동의'는 관계에서 매우 중요한 개념입니다. 또래 친구들과 많은 시간을 보내고 함께 자라면서 다양한 관계를 맺게 될 아이들에게 꼭 필요한 개념이지만 말로 설명하기에는 쉽지 않지요. 아이들이

《배려하면서도 할 말은 하는 친구가 되고 싶어》, 김시윤 글, 뜬금 그림, 파스텔하우스.
《그래서, 동의가 뭐야?》, 저스틴 행콕 글, 푸크시아 맥커리 그림, 김정은 옮김, 픽(잇츠북).

이해할 수 있도록 여러 예시를 들어 동의의 개념을 알려주는 책을 소개합니다. 가족 독서에서 초등 저학년 아이와는 《배려하면서도 할 말은 하는 친구가 되고 싶어》를, 초등 고학년 아이와는 《그래서, 동의가 뭐야?》를 함께 읽기를 권합니다.

'동의하고, 거절하고, 존중하는, 친구 관계 말하기'라는 부제를 단 《배려하면서도 할 말은 하는 친구가 되고 싶어》에서는 너와 나를 지키는 '경계'라는 개념으로 시작해 너와 나의 경계를 이어주는 '동의'와 너와 나의 경계를 지켜주는 '거절', 상대방을 높이는 '존중'을 설명합니다. 좋은 관계는 바로 경계 존중에서 시작되며, 동의와 거절을 통해 관계의 균형을 잡아갈 수 있음을 알려줍니다.

《그래서, 동의가 뭐야?》는 일상에서 동의를 구하고 합의에 이르는 과정을 보여줍니다. 내 의견에 따라 선택하는 힘을 기르고 거절하는 법을 익히며 대화를 통해 나와 상대방을 알아가는 방법을 제안합니다. 여기에 더해 젠더, 성인지 감수성, 차별과 정치적인 쟁점 등 '동의'의 대상과 범위를 나 자신에서부터 타인, 세계로 넓혀갑니다. 고기를 좋아하는 친구와 채식주의자 친구가 함께 먹을 피자 한 판을 어떻게 주문할지, 친구 여러 명이 극장에 가서 함께 볼 영화를 고를 때 어떻게 해야 할지, 서로가 선호하는 방식으로 인사법 맞추기에서부터 성관계에 이르기까지 다양한 예시를 들어 설명합니다.

기후 정의·제로 웨이스트·채식을 알려주는 정보책 읽기

지금으로부터 40년 전 제가 열 살이었을 때, 과학 백과사전에서 천체 물리학자가 50억 년 후에 태양이 소멸할 것이라고 써놓은 글을 읽고 지구와 인류의 운명에 대해 심각하게 고민했던 기억이 있습니다. 태양이 소멸하면 지구 역시 소멸할 테고, 그렇게 되면 인류는 물론이고 지구상의 모든 생물이 대멸종을 피할 수 없겠다는 생각이 열 살 초등학생의 머릿속에서 떠나지 않았습니다.

그때로부터 불과 40년이 지난 지금의 과학자들은 이번 세기 중에 인류 멸종이 일어날 것이라고 예측합니다. 산업화 이후 지구 온도가 지속적으로 상승하면서 폭염, 홍수, 가뭄, 태풍, 산불 등 이상

《기후 위기 시대, 어린이를 위한 기후 난민 이야기》, 박선희 글, 박선하 그림, 팜파스.
《10대와 통하는 기후 정의 이야기》, 권희중·신승철 글, 철수와영희.
《어려도 지구는 우리가 구할 거야!》, 롤 커비 글, 아델리나 리리어스 그림, 심연희 옮김,
책읽는곰.

기후로 인한 재해가 나타나고 있습니다. 이미 다양한 생물의 멸종을 목격하고 있고요. 기후 위기 시대를 살아가는 어린이의 고민도 40년 전과는 비교할 수 없이 크겠지요. 실제로 많은 어린이가 기후 문제로 잠을 제대로 자지 못할 정도로 고통받고 있다고 합니다.

기후 위기로 인해 삶의 터전을 잃고 떠돌게 된 사람들을 '기후 난민'이라 부릅니다. 매년 40만 명의 기후 난민이 발생하는데, 특히 저소득 국가의 기후 난민의 수는 선진국의 4배라고 하지요. 지금 행동하지 않으면, 2050년까지 기후 난민이 10억 명에 이를 것이라 예측합니다. 《기후 위기 시대, 어린이를 위한 기후 난민 이야기》에서는 기후 난민이 겪는 현실과 아픔에 대해 이야기합니다. 지구의 온

도 상승을 막는 일은 전 세계가 함께 고민하고 대처해야 할 문제이며, 지구에 사는 모두가 함께 책임져야 할 일이라고 강조합니다.

기후 위기의 원인인 온실가스는 부유한 나라들이 더 많이 배출하는데 그 피해는 가난한 나라들로 돌아갑니다. 어른들의 잘못으로 생긴 피해가 고스란히 미래 세대를 살아갈 어린이와 청소년이 감당해야 할 몫이 됩니다. 이처럼 기후 위기는 불평등하게 진행되는 속성을 지니고 있습니다.《10대와 통하는 기후 정의 이야기》에서는 이러한 상황을 '기후 부정의'라 규정하며, 기후 위기가 누구의 책임인지, 기후 정의를 실현하기 위해 무엇을 해야 하는지에 관해 이야기합니다. 10대를 위한 책이니만큼 초등 저학년에게는 어려울 수 있으니 양육자가 먼저 읽고, 기후 위기 시대의 여러 문제를 해결하기 위해 어떻게 행동해야 할지 토론을 이끌어보시기를 권합니다.《10대와 통하는 기후 정의 이야기》는 2023년 여름, 책 읽어주는 엄마들과 꾸린 독서 모임에서 생각할 거리와 행동할 거리를 가장 많이 안겨준 책으로 선정되었답니다.

《어려도 지구는 우리가 구할 거야!》는 전 세계 각국에서 기후 위기에 맞서 행동하는 열두 명의 어린이를 소개하고 있습니다. 독일에 사는 펠릭스는 아홉 살에 온 세상 아이들이 자기가 사는 나라에서 나무 심는 운동을 벌이는 '지구를 위한 나무 심기' 단체를 만들었어요. 열아홉 살이 될 때까지 130여 개 나라에서 140억 그루가 넘는 나무를 심었고요. 프랑스에 사는 열한 살의 뱅상은 기업형 농장이 환경에 좋지 않다는 사실을 알게 된 후 기금을 모아 자신이 사는 마

《나 좀 살려 줘! 환경과 쓰레기》, 허정림 글, 뿜작가 그림, 서울과학교사모임 감수, 지학사아르볼.
《플라스틱 : 안 사고, 다시 쓰고, 돌려 쓰고》, 김은의 글, 지문 그림, 우리학교.
《지구를 지키는 제로 웨이스트》, 카린 발조 글, 로랑 오두앵 그림, 김하나 옮김, 빨간콩.

을에 유기농 텃밭을 마련했습니다. 인도에 사는 히망기는 학교 주변에 차가 너무 많고 차 때문에 생기는 사고를 보다 못해 아홉 살에 차 대신 자전거를 타고 다니자는 캠페인을 벌였어요. 히망기가 나선 덕분에 교통 체증과 사고가 줄고 대기 오염도 줄었지요. 자, 어떠신가요? 기후 위기 시대, 한 사람 한 사람이 기후 정의를 실현하고 기후 행동에 나선다면 지구를 지킬 수 있겠지요.

《나 좀 살려 줘! 환경과 쓰레기》에는 새로 산 물건으로 온 방을 가득 채운 강철이와 예쁜 옷이 보이면 바로바로 사야 하는 해라, 이런 오빠와 언니가 걱정스러운 동생 양은이가 나옵니다. 삼 남매가 다 함께 쓰레기 섬에 떨어지면서 이야기가 시작돼요. 그곳에서 쓰레기를 주우며 살아가는 비앙카를 만나고 작은 빙하 위에서 울고 있는 북극곰을 만나면서 쓰레기 문제가 얼마나 심각한지 알게 된답니다. 이 책은 쓰레기가 무엇인지, 쓰레기가 얼마나 지구 온도 상승을 부추기는지 알려줍니다. 자원 절약, 똑똑한 소비, 철저한 분리수거 즉, 지구를 살리는 쓰레기 3원칙과 쓰레기 재사용 및 재활용, 업사이클링, 예술이 된 쓰레기 등 쓰레기의 모든 것에 대해 알려준답니다.

《플라스틱 : 안 사고, 다시 쓰고, 돌려 쓰고》는 플라스틱 문제에 집중한 책입니다. 플라스틱의 역사와 플라스틱의 종류는 물론, 우리 주변에 플라스틱이 얼마나 많은지 알려줍니다. 우리가 쓰는 물건의 70%가 플라스틱으로 만들어지는데, 2050년이면 바다에 물고기보다 플라스틱이 더 많을 거라는 경고가 나올 정도예요. 우리나라 1인당 플라스틱 소비량은 세계 3위로, 플라스틱을 많이 쓰는 만큼 플라스틱 쓰레기도 많이 만들어내고 있어요. 이 책의 저자는 플라스틱이 발견되기 전 지금보다 물건을 아껴 쓰고 소중하게 여겼던 옛 사람들의 일상생활 속 기술과 지혜가 다시 주목받아야 한다고 하면서, 학용품을 아껴 쓰고 과대 포장된 장난감이나 과자는 사지 않는 등 어린이가 실천할 수 있는 플라스틱 줄이는 방법을 알려준답니다.

쓰레기를 철저하게 분리배출한다고 하더라도 모든 쓰레기가 재활용되지는 않습니다. 쓰레기 분리수거보다 더 중요한 일은 처음부터 쓰레기를 만들지 않는 것이지요. 근본적으로 쓰레기를 없애는 일 즉, 제로 웨이스트 실천을 위해 노력해야 합니다. 《지구를 지키는 제로 웨이스트》에서는 어린이가 자신의 방에서, 화장실에서, 자연에서 바로 실천할 수 있는 32가지의 제로 웨이스트 미션을 소개합니다. 자기 방에서 쓰레기 분류하기, 쓰레기 줍기, 재활용 종이 만들기, 자연에서 구한 재료로 생활용품 만들기 등 혼자 할 수 있는 일부터 가족이나 친구와 함께 할 수 있는 일까지 다양합니다. 책 속의 환경 용어 사전에서는 5R 운동(거절하기, 줄이기, 재사용하기, 재활용하기, 썩히기)을 소개합니다. 필요 없는 물건은 거절하고, 꼭 필요한 물건만 최소한으로 구매하여 최대한 재사용하고, 재사용이 불가능할 때 재활용하고, 자연 분해가 되는 것들은 썩혀서 쓰레기가 발생하지 않도록 하자는 것이지요. 책에서 소개하는 32가지 미션을 하나하나 따라 하다 보면, 어느새 제로 웨이스트 실천가가 되어 있을 거예요.

주변에서 어린이 기후 활동가들을 만나곤 합니다. 이들은 가정과 학교에서 매우 진지하게, 꾸준히 기후 행동을 합니다. 동물권을 중요하게 생각하고 육식과 기후 위기의 연관성을 들어 채식을 하겠다고 주장합니다. 이들의 양육자들은 한창 성장해야 할 시기의 어린이가 채식을 하면 필수 영양소 섭취에 문제가 생기지 않을까 걱정합니다. 실제로 책 읽어주는 엄마들의 독서 모임에서 채식을 주제로 이야기를 나누다보면, 성인인 양육자는 채식을 하더라도 성장기의 자녀에게는 육식을 권하게 된다는 이야기와 채식을 하겠다는 자녀에게 육식을 권하면서 생기는 갈등 상황에 대한 이야기

《고기를 먹지 않는다면?》, 세라 앨턴 글, 줄리 맥래플린 그림, 천미나 옮김, 키다리.
《육식과 채식 : 고기 말고 그럼 뭘 먹으라고?》, 정윤선 글, 홍지혜 그림, 우리학교.
《선생님, 채식이 뭐예요?》, 이유미 글, 홍윤표 그림, 철수와영희.

를 자주 듣게 됩니다. 온 가족이 함께 읽으면 좋은 채식 관련 책을
소개합니다. 먼저 책을 읽고 채식에 관한 대화를 나눈다면 훌륭한
대안을 모색해 볼 수 있을 거예요.

 어린이를 위한 채식 입문서로 《고기를 먹지 않는다면?》을 권합
니다. 농장에 놀러 갔다가 살아 있는 닭을 직접 죽인 일을 계기로,
저자는 고기가 어떻게 생산되는지, 왜 고기를 먹지 않는 사람들이
있는지에 관심을 가지게 됩니다. 《고기를 먹지 않는다면?》에는 동
물 복지는 물론, 고기를 얻는 데 드는 비용과 동물들이 내뿜는 온실
가스의 양을 들어 채식을 해야 하는 이유를 설명합니다. 식물만으
로 충분한 영양소를 얻는 법과 콩류와 곡물의 조합으로 완전 단백
질을 얻는 법을 소개합니다. 특히 고기가 아니어도 맛있는 채식 메

뉴와 고기 없는 일주일 식단은 매우 유용합니다.

《육식과 채식 : 고기 말고 그럼 뭘 먹으라고?》에는 고기반찬 없이는 한 끼도 먹지 않는 도도와 고기반찬을 좋아하지만 동물 복지와 지구 환경에 관심이 많은 보리가 나옵니다. 두 명의 어린이는 자신이 먹는 고기가 지구를 아프게 한다는 사실을 알게 되고, 채소는 괜찮은지 알아보기 위해 기업식 농장을 방문합니다. 그리하여 고기도, 채소와 과일도, 심지어 곡물도 자연환경에 아무런 해를 끼치지 않고 생산할 수는 없다는 것을 알게 되지요. 이 책의 마지막 장은 지구를 지키는 식생활을 소개합니다. 바로 우리 지역에서 나는 친환경 농축산물을 먹는 것이지요. 고기를 적게 먹고 고기를 대체할 만한 음식을 해 먹으며 음식물 쓰레기를 줄이는 것이 중요합니다. 고기반찬 없이는 한 끼도 못 먹던 도도가 전교 회장 후보가 되어서 '일주일에 하루 고기 없는 급식 식단'을 공약으로 내겁니다. 도도의 변화를 따라가면서, 알면 행동하게 된다는 사실을 다시 한번 목격할 수 있습니다.

《선생님, 채식이 뭐예요?》는 26개 질문과 답변을 통해 왜 채식이 필요한지에 대해 자세하게 말해줍니다. 채식이 열대우림 파괴와 지구 온난화를 어떻게 막을 수 있는지, 멸종 생물을 어떻게 줄일 수 있는지, 세계의 기아와 물 부족을 어떻게 해결할 수 있는지 알려줍니다. 세계 곡물의 36%가 동물 사료로 사용되고 있어서 한 사람이 채식을 하면 배고픈 사람 5명을 구할 수 있고, 일주일에 한 번 채식을 하면 나무 15그루를, 완전한 채식인이라면 일 년에 315그루의 나무를 심는 것과 같다는 사실을 수치를 통해 명확하게 설명합니다.

우리 가족은《10대와 통하는 기후 정의 이야기》를 읽고서 가족 구성원 모두가 실천할 수 있는 일에 대해 생각하는 시간을 가졌습니다. 부부가 먼저 기후 행동에 나서기로 했습니다. 한 달에 한 권 기후 관련 책을 읽고, 한 달에 한 번 거리에서 '멸종반란가톨릭' 활동가들을 만납니다. 한 달에 한 권의 책을 읽고 한 달에 한 번 만나는 것뿐인데, 일상을 대하는 태도가 그전과는 완전히 달라졌음을 체감합니다. 쓰레기를 줄이고 먹을거리에 신경을 쓰며 가족 구성원 모두가 조금씩 제로 웨이스트와 채식을 실천하고 있습니다.

좋아하는 분야가 생겼다면? 관심 분야 깊게 읽기

관심 분야는 아이마다 다릅니다. 오랜 시간 가족 독서를 하면서 느낀 점은 가족 구성원 모두 관심사가 다르다는 것이었습니다. 물리에 흥미를 느끼는 아이에게 왜 화학에는 관심을 두지 않느냐고 질책하기보다는 물리에 관한 책을 재미있게 읽을 수 있도록 격려하는 편이 훨씬 낫습니다. 비문학 영역의 읽을거리를 깔아두었는데, 아이가 특별히 흥미를 보이는 분야가 없다고 실망하지는 마세요. 아이들이 다양한 분야를 두루두루 접하면서 천천히 자신의 진로를 찾아가도록 도와주세요.

'선생님도 놀란 수학(과학) 뒤집기 기본편', 한규호 외 글, 이국현 외 그림, 성우주니어.

'앗, 시리즈', 샤르탄 포스키트 외 글, 로브 데이비스 외 그림, 김재영 외 옮김, 주니어김영사.

　　비문학을 좋아하는 큰아이와 문학을 좋아하는 작은아이 모두 수학을 어려워했습니다. 그래서 학습지를 풀거나 학원에 다녀보라고 슬쩍 권해봤지만 두 아이 모두 고개를 절레절레 흔들었습니다. 큰아이의 관심사가 과학으로 향하는 것을 알아챈 후에는 과학과 수학이 연관되어 있다는 점을 들어 큰아이를 설득했습니다. 그리하여 중학교 1학년에서 3학년까지 3년 동안 수학 학원에 보냈습니다. 하지만 수업 시간에 문제만 푸는 방식이 큰아이와 맞지 않았던지

학원 다니기를 거부했고, 고등학생이 되고 나서부터는 혼자서 수학을 공부하고 있습니다.

초등학생이 된 작은아이가 수학을 어려워하자, 큰아이는 작은아이에게 수학 책 읽기를 권했습니다. 초등 때까지는 수학 관련 책을 읽으면서 개념을 익히는 것이 진짜 수학 공부라고요. 이후에 문제지를 풀 것인지, 학원 수업을 들을 것인지, 아니면 혼자서 공부를 이어갈 것인지는 자신의 성향에 맞게 선택하면 된다고 말입니다. 큰아이가 초등학생이었을 때 즐겨 읽었던 '선생님도 놀란 수학(과학) 뒤집기'는 '앗, 시리즈'와 함께 큰아이 방 책장 아래 칸에 지금도 꽂혀 있습니다.

고전 교양의 필요성을 역설한 철학 교수이자, 20년 넘게 브리태니커 백과사전 편집위원장을 지내며 고전 읽기 운동을 이끈 모티머 J. 애들러는 독서 이론서의 고전이라 평가받는 《독서의 기술》을 집필했습니다. 그는 이 책에서 기초 독서, 점검 독서, 분석 독서, 주제별 통합 독서의 4가지 독서 방법론을 제시했어요. 주제별 통합 독서란 가장 높은 독서 수준으로, 하나의 주제에 관한 여러 책을 서로 관련지어서 읽는 것을 말합니다. 아이에게 좋아하는 분야가 생겼다면 그 분야에서는 주제별 통합 독서를 시도해 볼 수 있습니다. 예를 들어, 우리 집 큰아이라면 물리학과 관련한 여러 권의 책을 읽으면서 자연스럽게 내용을 반복해서 익히고 물리학의 세부 분야로 관심사를 키워볼 수 있겠지요.

뒤쪽의 다섯 권은 물리를 좋아하는 고등학생 큰아이의 책장에

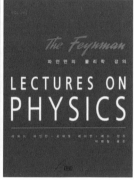

《모든 순간의 물리학》, 카를로 로벨리 글, 김현주 옮김, 쌤앤파커스.
《데니스 홍, 상상을 현실로 만드는 법》, 데니스 홍 글, 인플루엔셜.
《파인만 씨, 농담도 잘하시네!》 1, 리처드 파인만 글, 김희봉 옮김, 사이언스북스.
《클래식 파인만》, 리처드 파인만·랠프 레이턴 글, 김희봉·홍승우 옮김, 사이언스북스.
《파인만의 물리학 강의》 1, 리처드 파인만·로버트 레이턴·매슈 샌즈 글, 박병철 옮김, 승산.

있는 책입니다. 초등학생이었을 때 '브리태니커 비주얼 사이언스'
백과사전과 '앗, 시리즈'를 유독 좋아했어요. 중학생이 되고 나서 자
신이 물리에 관심이 있다는 걸 알게 되었다고 합니다. 《모든 순간

의 물리학》과 《클래식 파인만》처럼 물리학과 물리학자에 관한 책을 여러 권 읽으면서 확신했다고요. 이러한 독서 경험을 바탕으로 고등학생 때는 물리와 관련이 있는 대학 전공을 선택하고 싶어 했어요. 한국의 물리학자를 알아보다가 로봇공학자 데니스 홍의 책을 찾아 읽더니, 데니스 홍이 학창 시절 공부를 아주 잘한 모범생이었다는 점에서 거리감을 느꼈다고 합니다. 다시 해외 물리학자를 탐색하던 중 어릴 적 읽었던 만화책 'WHO?' 시리즈에서 보았던 괴짜 물리학자 리처드 파인만을 떠올렸지요. 그리하여 파인만의 책들을 읽기 시작했습니다. 그의 물리학 수업이 듣고 싶어서 유튜브에서 '파인만의 물리학 강의'를 찾아 듣기도 했다고요.

뒤쪽의 책 여섯 권은 이야기책을 좋아하는 중학생 작은아이의 책장입니다. 작은아이는 초등 5학년 때 900쪽이 넘는 《작은 아씨들》 완역본을 읽으면서 문학 독자가 되었고, 자신도 멋진 이야기를 짓는 창작자가 되겠다고 마음먹었다고 합니다. 역사에 해박하면 창작하는 데 도움이 된다는 많은 작가의 조언을 새겨듣고서 역사 관련 학습 만화를 모두 자기 방으로 옮겼답니다. 작은아이는 다양하게 해석하는 재미가 있는 전 세계의 옛이야기를 수집합니다. 틈틈이 짧은 소설을 써보려고 하는데 쉽지 않다고, 여러 작법서를 읽으면서 연습도 하고요. 멋진 이야기에 멋진 그림이 더해지면 더욱 좋을 것 같다며 틈틈이 작화서를 읽고 그림도 그린답니다.

《짧은 소설 쓰는 법》, 이문영 글, 서해문집.
《마사토끼의 만화 스토리 매뉴얼》, 마사토끼 글·그림, 서울미디어코믹스.
《그림 동화집》, 그림 형제 글, 홍성광 옮김, 펭귄클래식코리아.

'맹꽁이 서당' 시리즈, 윤승운 글·그림, 웅진주니어.
'박시백의 조선왕조실록' 시리즈, 박시백 글·그림, 휴머니스트.
'세계 석학들이 뽑은 만화 세계대역사 50사건' 시리즈, 김태훈 외 글, 최익규 외 그림, 주니어김영사.

Chapter 3

서로 다른 아이들
어떻게 끌어줄까?

서로 다른 아이들에게 어떻게 책을 읽어주어야 하는지에 관한 질문을 자주 받습니다. 우리 집 큰아이와 작은아이는 네 살 터울입니다. 게다가 두 아이의 관심사도 확연히 다릅니다. 가족 독서를 하기 전에는 두 아이의 독서 취향이 이렇게나 다를 줄은 상상도 못 했지요. 결론부터 말씀드리면, 따로 읽기와 함께 읽기 모두 필요합니다. 그림책 읽어주기와 옛이야기 들려주기는 똑같이 진행해도 괜찮습니다. 하지만 어린이문학과 어린이 비문학은 아이에 따라 다르게, 조금 더 신경을 써서 이끌어야 합니다.

우리 집 큰아이는 문학을 읽어주면 잠들곤 했습니다. 국어사전, 영어사전, 백과사전을 가리지 않고 좋아하고 신문이나 지식책은 즐겨 읽었지만, 등장인물이 여러 명인 이야기에는 관심이 없었습

큰아이   작은아이

사고형   감정형

감각형   직관형

실재형   예술형

탐구형   사회형

비문학 선호   문학 선호

니다. 이야기의 배경을 먼저 이해해야 하고, 등장 인물이 사건을 겪고 성장하는 이야기를 좋아하지 않았습니다. 큰아이 아홉 살, 작은아이 다섯 살에 여러 날에 걸쳐 잠자리에서 《오즈의 마법사》를 읽어주었어요. 다섯 살 작은아이는 전날의 이야기를 기억하며 잘 따라왔지만, 아홉 살 큰아이는 반복해서 등장하는 인물의 이름을 헷갈려 하면서 이야기를 따라오지 못하고, 읽기 시작한 지 5분이 채 지나기도 전에 코를 골며 꿈나라로 떠났습니다.

8년 동안 초등학교와 중학교에서 아이들에게 책을 읽어주면서 우리 집 큰아이 같은 아이들이 적지 않다는 사실을 알게 되었습니다. 논리적이고 인과관계가 명확한 것, 사람보다는 사물이 작동하는 원리에 관심이 많은 아이들이 주로 그러했습니다. 큰아이를 문학 독자로 만들기 위해 등장인물이 적게 나오고 사건이 복잡하지 않지만 재미있는 이야기책 또는 과학적 지식을 바탕으로 쓰인 과학소설을 따로 더 읽어주어야 했어요.

큰아이는 거실에 백과사전과 도감을 깔아놓았을 때 물 만난 물고기처럼 종횡무진 신나게 책을 읽었어요. 하지만 작은아이를 비문학의 세계로 끌어들이는 데는 큰 노력이 필요했습니다. 작은아이는 실물 사진보다는 아름다운 그림이 있는 책을 좋아했고, 정확하고 논리적인 문장보다는 동시처럼 서정적인 문장을 좋아했어요. 작은아이를 비문학의 독자로 만들기 위해 지식책, 정보책 중에서도 삽화에 신경을 쓴 예쁜 책을 골라야 했지요.

문학을 싫어하는 아이, 문학의 세계에 빠뜨리기

◦

문학을 싫어하는 우리 집 큰아이를 문학의 독자로 만들기 위해 제가 썼던 방법을 소개합니다. 초등 3~4학년 때 잠자리에서 어린이문학을 읽어주면, 큰아이는 "내가 왜 그 이야기를 들어야 해?"라고 반문했어요. 인물이 겪는 사건을 쫓아가며 간접으로 체험해 보기를 귀찮아했어요. 그 시간에 백과사전을 더 보고 싶다고 했지요. 가뜩이나 사람에 관심이 없고 친구 사귀기에 노력을 기울이지 않는 편이라서 좋은 문학작품을 읽혀서라도 책 속 인물과 관계 맺기를 기대하며, 아이가 잠들었어도 옆에서 어린이문학을 읽어주곤 했습니다. 지금 돌아보면, 그때 자는 아이에게 좋은 문학작품을 읽어주길

잘했다는 생각이 듭니다. 중학생이 되면서 큰아이는 결국 문학의 독자가 되었거든요. 무엇보다 큰아이가 인간관계에 관심을 보이며 친구 사귀기에 시간과 노력을 들일 줄 알게 되어 뿌듯하답니다.

문학을 좋아하지 않는 아이를 문학의 세계로 빠져들게 하는 방법은 '읽어주기'가 유일합니다. 짐 트렐리즈의 《하루 15분 책읽어주기의 힘》에 나오는 미국 로렌스 아카데미의 영어 교사 로라 선생님의 방식을 따라해 보면 좋습니다. 로라 선생님은 학생들이 문학의 세계에 빠져들기를 바라며, 영어 수업 시간에 조명을 어둡게 하고 문학작품을 읽어주었습니다. 수업 시간이 늘어날수록 학생들이 하나둘 문학의 세계에 빠져드는 것을 목격했지요. 과거에 문학을 좋아하던 학생도, 문학을 처음 접하는 학생도 모두 서서히 문학의 독자가 되었습니다.

그렇다고 늘 책을 대신 읽어줄 수는 없습니다. 아이가 혼자 읽을 수 있도록 아이의 독서 수준보다 낮은 단계의 재미있는 시리즈를 활용하는 방법을 권합니다. '추리 천재 엉덩이 탐정' 시리즈는 수수께끼를 풀고, 미로를 지나고, 숨은그림찾기를 하다 보면 어느새 한 권을 다 읽게 됩니다. 한 권 한 권 읽다 보면 어느새 시리즈 전체를 완독할 수 있지요. '우리가 우리를 지킨다!' 못된 어른들을 혼내주는 이야기 '헌터걸' 시리즈도 권하기 좋습니다. 아이들이 처한 현실의 문제를 아이들이 직접 해결하는 과정을 담은 이 시리즈는 책마다 다음 장면에 대한 기대감을 한껏 높인 채 끝납니다. 다음 권을 이어서 읽지 않을 수 없지요. 정체를 들키지 않으려고 동분서주하는 꼬

'추리 천재 엉덩이 탐정' 시리즈, 트롤 글·그림, 김정화 옮김, 미래엔아이세움.

'헌터걸' 시리즈, 김혜정 글, 윤정주 그림, 사계절.

'꼬마 흡혈귀' 시리즈, 앙겔라 좀머-보덴부르크 글, 파키나미 그림, 이은주 옮김, 거북이북스.

마 흡혈귀들의 이야기 '꼬마 흡혈귀' 시리즈도 한번 집으면 눈을 뗄 수 없습니다. 아슬아슬 이야기가 이어지는 추리소설은 문학 읽기에 관심이 없던 아이에게도 매력적인 장르임이 틀림없습니다.

이처럼 문학 읽기를 싫어하는 아이를 문학의 세계로 빠져들게 하려면 좋은 문학작품 읽어주기, 아이 독서 수준보다 낮은 단계의 시리즈물 권하기, 추리소설 권하기의 방법을 활용할 수 있습니다. 5권, 10권, 15권 등 권수가 많은 시리즈를 완독해 본 경험은 장편 문학을 읽을 수 있는 독서 근력을 기르는 데도 도움이 됩니다. 추리소설 읽기는 유추와 추론은 물론, 사고력과 판단력, 문제 해결 능력까지 키워주지요. 이 세 가지 방법을 골고루 활용해 아이를 문학의 세계로 이끌어주세요.

비문학을 싫어하는 아이, 비문학의 세계에 빠뜨리기

이번에는 비문학을 싫어하던 우리 집 작은아이를 비문학의 독자로 만들기 위해 제가 썼던 방법을 소개합니다. 가족 독서를 처음 시작할 때부터 차근차근 준비해 보세요. 첫째, 아름다운 삽화가 들어 있어야 합니다. 둘째, 분량이 적어야 하고요. 셋째, 아이들이 직접 내용을 적용해 볼 수 있도록 체험을 유도하는 책이 좋습니다. 비문학에 대한 접근성을 높이는 이러한 책들은 비문학을 싫어하는 아이

'과학의 씨앗' 시리즈, 박정선 글, 이수지 외 그림, 비룡소.

에게는 관심을 유도하고, 원래 좋아하던 아이에게도 비문학에 더 푹 빠지도록 만든답니다.

세 가지 요건을 모두 충족하는 비룡소의 '과학의 씨앗' 시리즈를 우리 아이 비문학 첫 책으로 권합니다. 시리즈 도서 중《나를 도와주는 작은 친구들》을 보면, 똑딱단추, 찍찍이, 고무줄, 지퍼, 단추와 주머니까지 4~7세 아이들이 스스로 옷을 입을 수 있도록 도와주면서 그 원리까지 알 수 있도록 구성되었습니다.

어린이 비문학 책을 구할 때, 크게 다음의 두 가지 선택지 중에서 고민합니다. 하나는 어린이 독자가 쉽게 이해할 수 있도록 어린이 문학 작가가 해당 분야를 공부해서 쓴 비문학 책이고, 다른 하나는 해당 분야 전문가가 어린이의 수준에 맞게 쉽게 풀이하여 쓴 비문학 책입니다. 두 가지 중 어느 쪽을 선택하느냐는 사람마다 다르겠지만, 우리 부부는 아이가 읽을 비문학 책이라면 집필진의 전문성이 중요하다고 생각했습니다. 그래서 후자를 선택했고, 그 분야 최

'네버랜드 자연학교' 시리즈, 김웅서 외 글, 노준구 외 그림, 시공주니어.

고의 전문가이자 실제 직업 현장에서 일하는 저자가 글을 쓴 그림 책을 보여주었습니다. 이렇게 했을 때 좋은 점은 아이가 좋아하는 분야가 생기면 그 저자가 쓴 책들을 중심으로 깊게 읽기를 도모할 수 있다는 것입니다.

초등학교에 들어갈 무렵, 우리 아이 두 번째 비문학 책으로 시 공주니어에서 나온 '네버랜드 자연학교' 시리즈와 같은 그림책을 통해 자연 현상과 생태계를 알아갈 수 있도록 도와주세요. 초등 1~2학년 아이는 좋아하는 것만 쭉 좋아하는 경향이 있습니다. 바다 를 좋아하는 아이는 바다만 파지요. 바다를 좋아하는 아이에게 《깊 고 넓은 바다가 궁금해》를 보여주면, 다음 단계의 독서로 나아갈 수 있어 좋습니다. 처음 책을 보여줄 때 책날개에 있는 소개 글 등 을 활용하여 저자에 대해 자세하게 알려주세요. 다음은 《깊고 넓은 바다가 궁금해》의 책날개에 나와 있는 저자 소개 글입니다.

'저자 김웅서는' 바다가 좋아서 평생 바다를 연구해 온 해양 생물학자이다. 서울대학교에서 생물학과 해양학을 공부하고, 미국 뉴욕주립대학교에서 해양생태학으로 이학박사 학위를 받았다. 깊이 5천 미터가 넘는 태평양 바다 밑바닥까지 심해유인잠수정을 타고 들어가 탐사를 했다. 지금은 한국해양과학기술원에서 바다와 바다 생물을 연구하고 있다. 그동안 《바다에 오르다》, 《바다의 방랑자 플랑크톤》 등 바다와 관련된 많은 책을 썼으며, 글을 쓴 어린이책으로 《내가 좋아하는 바다생물》, 《앗! 바다 3D》, 《갯벌을 살려 주세요》 등이 있다.

아이는 저자에 대한 정보를 통해 바다를 좋아하면 생물학과 해양학을 공부할 수 있고, '해양 생물학자'가 될 수 있으며, 태평양 밑바닥까지 가볼 수 있다는 사실을 알게 됩니다. 자신의 관심사가 진학과 진로로 이어질 수 있다는 것을 알게 되지요. 아이가 《깊고 넓은 바다가 궁금해》를 읽고 바다에 관심을 보인다면, 같은 저자가 쓴 어린이책을 더 보여주면 됩니다. 《내가 좋아하는 바다생물》, 《앗! 바다 3D》, 《갯벌을 살려 주세요》를 이어서 보면 좋겠지요. 아이의 관심사가 초등 고학년, 중·고등학교까지 이어진다면, 어릴 적 재미있게 읽었던 지식 그림책의 저자 이름을 기억하고 그가 쓴 책들을 더 찾아 읽게 됩니다. '에너지'에 관심 있는 큰아이가 그랬거든요. 고등학생이 되어서는 저자가 쓴 논문까지 찾아보기도 했지요. 책을 고를 때 해당 분야에 전문성을 가진 집필진을 염두에 두는 것이 중요한 이유입니다.

'자신만만 생활책' 시리즈, 전미경 외 글, 홍기한 외 그림, 사계절.

우리 집 작은아이가 반한 비문학 책을 소개합니다. 초등 5학년 때 생일 선물로 사달라고 했던 사계절 '자신만만 생활책' 시리즈입니다. 작은아이가 최고의 책으로 고른 이유는 아기자기하고 귀여운 그림이 나오기 때문입니다. 한 권의 책이 하나의 이야기를 중심으로 진행되면서 사이사이 어린이가 알아야 할 생활 지식에 대한 작은 설명들이 들어 있어, 마치 이야기책을 읽는 듯한 느낌도 듭니다.

《집, 잘 가꾸는 법》은 행복이네 가족이 이사하면서 이삿짐을 옮기고 청소하고 정리하는 내용을 중심으로 사계절 동안 집을 어떻게 돌봐야 하는지 알려줍니다. 《재활용, 쓰레기를 다시 쓰는 법》은 여러 쓰레기가 담긴 검은 비닐봉지 '쓰봉'이가 주인공으로 등장하는 책입니다. 쓰봉이 속 여러 쓰레기를 분리하고 처리하는 과정을 보여주며 재활용에 대해 설명해 주지요. 이 두 권의 책으로 자연스레 정리 정돈과 쓰레기 분리수거에 아이들이 참여하게 되었습니다. 앎을 실천으로! 좋은 책이 가진 힘이지요.

《몸 잘 자라는 법》은 자기 몸을 스스로 돌보는 방법을 알려줍니다. 제대로 세수하는 법, 머리 감는 법, 이 잘 닦는 법, 눈 나빠지지 않는 법, 손발톱 깎는 법, 똑바로 앉고 서고 걷는 법 등 생활 습관을 가꾸는 방법을 자세히 알려줍니다. 또 음식을 잘 챙겨 먹는 것, 똥을 잘 누는 것, 잠을 잘 자는 것이 왜 중요한지도 설명해 줍니다. 양육자가 알려주면 잔소리로 들릴 수 있지만, 책을 읽고 스스로 적용해 보는 거라면 기분 좋게 할 수 있지요. 아이가 가장 좋아하는 책이라고 꼽는 데는 그만한 이유가 있는 듯합니다.

Chapter 4

모두가 좋아하는
만화책 활용하기

초등 3~4학년 즈음 옛이야기가 시들하게 느껴지면서 아이들은 만화의 매력에 빠져듭니다. 우리 집 큰아이와 작은아이 모두 이 시기에는 만화책에 푹 빠져 살았습니다. 그림책을 읽어주고 옛이야기를 들려주었으니 이제 줄글 책을 술술 읽으면 좋으련만, 아이들은 만화책 읽기 삼매경에 빠져 헤어나지 못했습니다. 초등 중학년이면 슬슬 사춘기에 접어들면서 엄마 말을 귓등으로도 안 듣기 시작하지요. 처음에는 너무 만화책만 보는 것 아니냐며 잔소리를 몇 번 했습니다. 만화책을 한 권 읽으면 줄글 책도 한 권 읽어야 한다는 조건을 내세워 협상하려고도 했고요. 하지만 아이들은 호시탐탐 만화책을 읽을 생각만 할 뿐 도무지 줄글 책의 세계에 발을 들이지 않았습니다.

큰아이가 고등학생, 작은아이가 중학생이 되고 나서 돌아보니 만화도 한때라는 생각이 듭니다. 중학생이 되면서부터 학습 만화는 잘 보지 않더라고요. 작품성과 예술성을 모두 갖춘 그래픽 노블을 권해 봐도 자신이 좋아서 선택한 만화 외에는 읽지 않았습니다. '읽는 청소년'이 된 두 아이는 시험과 수행평가를 준비하느라 초등학생 때보다는 독서 시간이 훨씬 줄었는데, 줄어든 시간만큼 책을 읽을 수 있는 시간에는 꼭 읽고 싶은 책이나 진학과 진로에 도움이 되는 책을 골라서 읽더라고요. (찬찬히 관찰하면 아이들도 어른 못지않게 자신의 미래를 깊이 생각하고 있음을 알게 됩니다.) 그러니 초등 중학년 때 시작해서 초등 고학년이면 끝나는, 그다지 길지 않은 이 시기에 잔소리로 괜한 기운을 빼기보다는 외려 좋은 학습 만화와 그래픽 노블을 읽게끔 격려해 주기를 권하고 싶습니다.

온 가족이 보기 좋은 작품성 높은 만화 함께 읽기

문학성과 예술성이 높은 만화를 그래픽 노블이라 부릅니다. 미국의 아동문학상인 뉴베리상을 받은 그래픽 노블, 샤넌 헤일이 글을 쓰고 르웬 팜이 그림을 그린 《진짜 친구》를 읽어보세요. 샤넌 헤일이 어린 시절에 겪었던 일을 바탕으로 한 《진짜 친구》는 진정한 친구를 찾고 우정을 지키려 애쓰는 초등학생 소녀의 이야기를 생생

《진짜 친구》, 샤넌 헤일 글, 르웬 팜 그림, 고정아 옮김, 다산기획.
《귀신 선생님과 진짜 아이들》, 남동윤 글·그림, 사계절.
《피터 히스토리아》, 교육공동체 나다 글, 송동근 그림, 북인더갭.

하게 풀어냅니다. 목차가 1학년, 2학년, 3학년, 4학년, 5학년, 6학년
으로 구성되어 학년별로 우정의 모양이 어떻게 달라지는지 비교하
면서 읽으면 더욱 재미있습니다.

　강귀신 선생님과 반 아이들 모두가 주인공으로 등장하는 남동윤
의 '귀신 선생님' 시리즈는 4학년 1반 교실을 중심으로 아이들과 선
생님이 펼쳐내는 학교생활을 보여줍니다. '만약 선생님이 귀신이라
면?' 학교가 정말 재미있는 곳이 되겠지요. 강귀신 선생님은 감정
기복이 심하고, 무조건 말 잘 듣는 학생을 제일 좋아하고, 학부모를
상대하는 걸 아주 싫어하는 매우 솔직한 성격의 소유자지만, 아이
들이 아프거나 사고를 당하면 울면서 가장 먼저 병원에 달려갈 정
도로 사랑이 넘친답니다. 한 권에 여러 편의 이야기가 있고 이야기
마다 등장하는 아이들이 다른 것도 큰 특징입니다. 작가는 모두가
행복해하는 따뜻한 교실 속 한 명 한 명 소중하고 개성 있는 아이들

'신과 함께' 시리즈, 주호민 글·그림, 문학동네.

의 이야기를 만들고 싶어서 특정 인물이 아닌 반 아이들 모두가 주인공인 만화를 만들었다고 해요. '귀신 선생님' 시리즈 중 《귀신 선생님과 진짜 아이들》은 초등학교 교과서에도 실렸답니다.

교육공동체 나다 글, 송동근 그림의 《피터 히스토리아》는 두 권짜리 역사 만화입니다. 열세 살 피터는 불멸의 소년으로 메소포타미아 문명에서 현대에 이르는 역사적 순간을 경험합니다. 열세 살의 눈으로 중요한 역사의 현장을 들여다보지요. 큰아이가 초등 4학년 때 학교 도서관에서 빌려와 온 가족이 읽었습니다. 만화 속에 역사와 철학, 문학이 모두 녹아 있어요. 가족이 함께 읽고 이야기 나누기 좋은 만화입니다.

주호민 작가의 '신과 함께'는 우리 가족 모두가 좋아하는 만화입니다. 권선징악을 중심 가치로 두고 염라대왕과 저승사자 같은 한국 신화에 현대적 요소를 가미한 작품이지요. 큰아이 초등 5학년,

작은아이 초등 1학년 때 시리즈 전체를 들이던 날의 거실 풍경을 잊지 못합니다. 두 아이가 만화책 한 권을 서로 잡아당기는 모습이 상상되시나요? 만화를 좋아하지만 서로 먼저 보겠다고 다투는 아이들은 아니었는데, 그날 책을 두고 두 아이가 서로 먼저 읽겠다고 열성을 다해 싸우더라고요. 만화로 보고, 영화로 보고, 서울시립미술관에서 열린 〈호민과 재환〉 전시도 볼 만큼 온 가족이 열광했던 만화입니다. '신과 함께'를 시작으로 우리 가족은 때때로 함께 만화방 나들이를 즐기고 있습니다.

어휘력을 강화하고 배경지식을 쌓아주는
학습 만화 혼자 읽기

만화는 문장이 짧고 그림과 함께 정보를 제공하기 때문에 줄글 책보다 훨씬 이해하기 쉽습니다. 그래서 만화는 수학과 과학, 역사와 철학처럼 개념어를 모르면 접근하기 어려운 비문학 영역으로 독서를 이끌어주는 역할을 톡톡히 합니다. 잘 만들어진 학습 만화는 개념어를 이해하도록 시각적으로 돕고, 해당 분야의 어휘력을 강화하며, 배경지식을 쌓기에 더할 나위 없이 좋은 도구입니다.

초등 학년을 통틀어 아이들이 보면 좋을 학습 만화를 소개합니다. 유홍준의 《나의 문화유산 답사기》가 만화로도 만들어졌는데,

'만화 나의 문화유산 답사기' 시리즈, 이보현 글, 유홍준 원작, 김형배 그림, 녹색지팡이.

'맹꽁이 서당' 시리즈, 윤승운 글·그림, 웅진주니어.

이 시리즈를 보면서 가족 여행을 계획해 보는 것도 좋겠습니다. 작은아이는 코로나19가 한창이던 해에 초등 6학년이었고 아쉽게도 수학여행을 가지 못했습니다. 그해 작은아이의 마음을 달래준 만화책이 바로 '만화 나의 문화유산 답사기'랍니다.

윤승운 작가의 '맹꽁이 서당' 시리즈는 양육자와 아이가 함께 보기 좋은 학습 만화입니다. 공자와 맹자를 흠모하는 마음을 담아 지은 공맹 서당이라는 이름이 어쩌다 맹꽁이 서당이 되어버렸지요.

'세계 석학들이 뽑은 만화 세계대역사 50사건' 시리즈, 김태훈 외 글, 최익규 외 그림, 주니어김영사.

'NEW 서울대 선정 인문고전 60선' 시리즈, 손영운 외 글, 동방광석 외 그림, 주니어김영사.

공부하기 싫어하는 맹꽁이 서당의 학동들에게 맹꽁이 훈장님이 이야기를 들려주는 형식으로, 고려와 조선의 역사를 보여주는 내용부터 인물 열전, 고사성어와 논어 등 시리즈를 구성하는 내용이 다양합니다. 우리 집 두 아이가 초등 3~4학년에 즐겨 보았던 학습 만화입니다.

초등 고학년 아이들에게 '세계 석학들이 뽑은 만화 세계대역사

50사건'과 'NEW 서울대 선정 인문고전 60선' 시리즈를 권합니다. 우리 집 아이들도 초등 5~6학년에 두 만화 시리즈를 말 그대로 마르고 닳도록 보았답니다. 세계사와 인문 고전 원전을 접하기 전에 개념어를 익히고 배경지식을 쌓는 데 이만큼 좋은 학습 만화는 없을 정도로 좋은 시리즈입니다. 고등학생 큰아이는 고교 교과과정을 따라가기에도 도움이 되는 학습 만화라고 극찬했어요.

큰아이와 작은아이 모두 초등 6년 내내 만화를 무척 많이 읽었습니다. 초등 저학년에 그리스 로마 신화와 중국 신화를 시작으로 '마법천자문', '코믹 메이플 스토리 수학도둑', 'WHY?' 과학·역사 시리즈, 'WHO?' 인물 시리즈 등을 매일 읽었습니다. 초등 중·고학년에는 '신과 함께', '맹꽁이 서당', '박시백의 조선왕조실록', '세계 석학들이 뽑은 만화 세계대역사 50사건', 'NEW 서울대 선정 인문고전 60선' 등을 매일 읽었습니다. 큰아이가 과학과 인문 고전을 주로 읽고 작은아이가 신화와 역사를 주로 읽는다는 차이가 있었을 뿐, 두 아이는 하루도 빠지지 않고 만화를 읽었습니다. 하지만 신기하게도 중학생이 되고부터는 두 아이 모두 학습 만화를 읽지 않더라고요. 좋아하는 시리즈 몇 종류만 빼고 모두 처분해 달라고 요구했습니다. 중고로 사서 너덜너덜해질 때까지 읽었던 책들이라 분리수거함에 내놓을 수밖에 없었지요.

두 아이 모두 읽고 싶을 때 실컷 읽었기에 미련 없이 그 세계를 빠져나올 수 있었던 것 같습니다. 아이들은 중·고등학생이 되어 과학과 역사 등 교과를 따라가는 데 어릴 적 읽었던 학습 만화가 꽤 도움이 되었다고 증언합니다. 학습 만화를 수도 없이 반복해 읽다 보니 어휘와 배경지식을 달달 외우는 지경이 되었고, 그리하여 수업 시간에 집중해서 들을 수 있었다고요. 또한 어려운 개념을 도식화하는 법을 터득해서 필기하는 데도 도움이 된다고 했습니다.

미국의 독서 운동가인 짐 트렐리즈는 국제교육성취도평가협회(IEA)에서 32개국 21만 명의 아이를 조사한 결과, 읽기 성적이 가장 높았던 핀란드 아홉 살 아이들이 가장 많이 보는 책은 만화책이었다는 사실에 주목했습니다. 핀란드 아이들 59%가 거의 매일 읽는 책은 바로 만화책이었지요. 그러니 아이들이 만화책에 빠져 있다고 너무 걱정하기보다는 좋은 만화책을 권하여 아이들이 마음 편하게 읽을 수 있는 분위기를 마련해 주세요.

오늘, 가족 독서를 시작합니다

어린이문학 읽고 그림 그리기

❶ 콩이네 이웃집으로 이사온 새 이웃에 대해 뒷말 대장 두더지 빽이 전한 이
야기에 따라 콩이의 상상은 어떻게 변해갈까요? 순서에 따라 그려보세요.

《 콩이네 옆집이 수상하다! 》 천효정 글, 윤정주 그림, 문학동네.	1. "다리가 여섯 개래!"
2. "이웃에 살면서 참 일찍도 알았구나. 그 괴물 눈이 다섯 개래!"	3. "패거리로 다닌대!"

《그래서, 동의가 뭐야?》 저스틴 행콕 글, 푸크시아 맥커리 그림, 김정은 옮김, 픽(잇츠북).

❶ 최근 나눈 다섯 가지 인사를 떠올리고, 다음 질문에 답해 보세요.

	누구와	언제	어디서	어떻게
1				
2				
3				
4				
5				

❷ 얼마나 좋았나요? (-10점부터 +10점까지 점수를 매겨주세요)

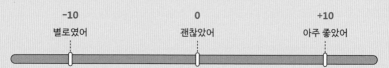

-10	0	+10
별로였어	괜찮았어	아주 좋았어

❸ 내가 원하는 방식이었나요? 혹은 상대방이 더 원하는 방식이었나요?

① 상대방에게 더 좋은 인사 ② 서로에게 좋은 인사 ③ 나에게 더 좋은 인사

	얼마나 좋았나요? (점수를 매겨주세요.)	내가 원하는 방식 vs 상대방이 원하는 방식 (①, ②, ③ 중에서 골라주세요.)
1		
2		
3		
4		
5		

오늘, 가족 독서를 시작합니다

❹ 천천히, 서로가 원하는 방식이 무엇인지 세심하게 주의를 기울였나요?

❺ 내가 원하는 인사를 하는 것이 어렵지 않았나요? 더 어려웠거나, 더 쉬웠다면 그 이유가 무엇인지 생각해 봅시다.

> 힘이 동등했다. / 동등하지 않았다.
> 어색했다. / 편안했다.
> 시간이 충분하지 않았다. / 시간이 많았다.
> 자신이 없었다. / 매우 자신만만했다.
> 상대방이 인내심이 있었다. / 상대방이 인내심이 없었다.

❻ 다음에 인사할 때 어떻게 하면 좋을지 배운 내용을 적어보세요.

❼ 서로에게 좋은 인사를 나누려면 상대방에게는 어떤 태도가 필요할까요? 상대방에게 알려주거나 요구하고 싶은 게 있다면 적어보세요.

❶ 다음은 《피터 히스토리아》에 나오는 세계 곳곳의 역사적 순간들입니다.

《피터 히스토리아》
교육공동체 나다 글, 송동근 그림, 북인더갭.

1권	2권
1. 메소포타미아	6. 프랑스 대혁명
2. 고대 그리스	7. 영국의 산업혁명
3. 예루살렘과 십자가	8. 폴란드에서 독일군에 저항했던
4. 이라와크 인디언과 콜럼버스 일행	레지스탕스
5. 종교재판, 천동설과 지동설	9. 68혁명

❷ 가장 인상 깊었던 역사적 순간을 고르고, 가장 기억나는 부분을 이야기해 주세요.

❸ 역사란 무엇인가요? 책을 읽고 느낀 점을 이야기해 주세요.

역사란 _____ 입니다.

왜냐하면 _____ 하(이)기 때문입니다.

❹ 역사의 현장으로 갈 수 있다면 어디로 가고 싶은가요? 책에 나온 장면이나 가고 싶은 역사적 순간을 떠올려보세요.

어린이의 마음으로 살아가렵니다

작은아이가 초등학교 1학년 때로 기억합니다. 가족이 모두 잠들어 있던 새벽, 조심스레 출근 준비를 하다가 문득 거실에서 창밖을 보며 서 있는 작은아이를 보았습니다.

"수린아, 이 시간에 벌써 일어났니?"

작은아이는 저를 보더니 창문 쪽으로 어서 오라며 손짓했습니다.

"아빠, 피었어요! 피었어요!"

작은아이 손짓에 이끌려 창밖을 내다보니 목련 가지 끝에 꽃망울이 피어나고 있었습니다. 새벽 동이 틀 무렵, 어둠과 빛이 공존하는 바로 그 시간에 이제 막 피어난 목련 꽃봉오리를 보았습니다. 잊지 못할 강렬한 체험이었습니다.

"꽃 피는 거 보려고 일찍 일어난 거야?"

"네! 학교 갈 때마다, 집에 올 때마다, 목련 꽃이 피어나길 기다렸어요!"

작은아이가 알려주지 않았다면 어쩌면 영영 보지 못했을 새벽녘 목련 꽃망울! 거실 창문을 열면 손닿을 듯 가까운 곳에서 조용히 자신을 드러내던 꽃망울의 존재를 알아채는 데는 무척 오랜 시간이 걸렸습니다.

우리 집 두 아이는 모두 청소년기에 접어들었습니다. 우리 부부도 오십 대에 접어듭니다. 두 어린이와 함께 온 가족이 어린이책을 읽고 이야기를 나누던 시간은 이제 다시 오지 않을 것입니다. 물론 지역 도서관이나 학교에서 책 읽어주기 봉사를 하고 어린 자녀와 가족 독서를 하는 사람들과 모임 활동을 이어가겠지만, 한 지붕 아래 함께 사는 이들이 모두 '어린이책'을 읽으면서 울고 웃던 시간과는 차이가 있을 것입니다. 벌써부터 아쉬움이 몰려옵니다.

80년대에 어린이 시절을 보낸 부부는 당시에 어린이책을 많이 읽지는 못했습니다. 삼십 대 후반이 되어서야 도서관의 어린이 자료실에서 광대한 어린이책 세계를 만나게 되었습니다. 두 아이와 함께 부부도 어린이책에 입문했습니다. 그제야 만난 어린이책의 세계는 실로 놀라웠습니다. 저는 두툼한 철학책이 좋아서 대학에서 철학을 공부했습니다. 철학책 한 권을 정독하고 나면 드넓은 우주 속 한 조각 진리에 한 걸음 다가갔다고 느껴져 가슴 속 깊이 희열이 스며들곤 했습니다. 두 아이와 아내가 읽는 어린이책을 따라 읽으면서, 두툼한 철학책에만 있는 줄 알았던 진리를 얇은 어린이

오늘, 가족 독서를 시작합니다

책이 한껏 품고 있다는 것을 알게 되었습니다. 철학책에서 복잡하고 어렵게 풀어낸 진리를 어린이책에서는 쉽고 명료하게 보여주었습니다. 어쩌면 어린이책이 보여주는 놀라운 세상이 철학책 이상일 수도 있겠다고 생각했습니다. 어린이책을 읽으면서 삼십 대와 사십 대를 보낼 수 있어서 참 좋았습니다. 앞으로 오십 대와 육십 대를 지나 부부는 할머니 할아버지가 될 것입니다. 그때도 어린이책을 가까이 두고 살겠다고 다짐합니다. 부부가 함께 어린이책을 읽으며, 어린이의 마음으로 살아가고 싶습니다.

인류의 스승들은 한결같이 '어린이처럼 살아가자'고 했습니다. 노자는 '덕을 두텁게 지닌 사람은 갓난아이와 같습니다.'(도덕경 55장)라고 했고, 예수는 '하느님의 나라는 이 어린이들과 같은 사람들의 것입니다.'(마르코 10:14)라고 했습니다. 장자도 '아이와 같을 수 있어야 한다고 했습니다. 아이란 움직이지만 자기가 하는 일을 알지 못하고, 걷지만 자기가 가는 곳을 알지 못합니다.'(장자 23편 경상초)라고 했고, 맹자도 '대인군자는 어린아이의 천진난만한 동심을 잃지 않는 사람입니다.'(맹자 이루장구 하 12)라고 했습니다.

니체는 어린이 마음을 '순진무구함이며 망각이고, 새로운 출발, 놀이, 스스로 도는 수레바퀴, 최초의 움직임이며, 성스러운 긍정'이라고 했습니다. 영국의 시인 윌리엄 워즈워스는 자연의 숭고함을 느낄 때 가슴이 뛰는 게 바로 어린이의 마음이라면서, 어린이의 마음을 잃어버리면 차라리 죽는 게 낫다고 했습니다.

어린이 마음으로 산다는 것은 자연스럽게 산다는 뜻이며 목적

없는 즐거움을 누리는 것입니다. 어린이처럼 사는 삶이란 마음과 행동이 일치하는 삶이기에 자기 삶의 주인으로 살아간다는 뜻입니다. 어린이의 마음으로 살아간다면, 언제든 새롭게 출발할 수 있을 것입니다. 새롭게 보는 삶, 즉 익숙한 것에서도 새로움을 찾아내는 삶을 누릴 수 있을 것입니다.

초등학교 1학년이던 작은아이가 목련꽃이 피어나기를 기다리다가, 마침내 피어나는 순간을 알아채고 기뻐하던 마음이 바로 어린이의 마음일 것입니다. 어린이 마음이 가득한 어린이책을 아이들과 함께 읽으며 눈빛을 나누고 이야기를 나누던 시간이 우리 가족이 기억하는 가족 독서의 시간입니다.

가족 독서를 하는 시간은 어린이와 어른 모두가 어린이 마음이 되는 시간입니다. 어린이책을 어린이와 어른이 함께 읽고 나누는 시간이 어린이에게는 흠뻑 몰입하여 자신의 마음을 느끼는 시간이 될 것이며, 어른에게는 세상 걱정과 근심 때문에 자칫 잃어버릴 뻔했던 어린이 마음을 다시 회복하는 시간이 될 것입니다. 이제 우리 집에 어린이는 없지만, 우리 부부는 가족 독서를 시작했던 그 첫 마음 그대로 함께 어린이책을 읽으면서 어린이 마음으로 살아가려고 합니다.

가족 독서에 활용하면 좋을 책 목록

가족 독서 진행자를 위한 책

가족 독서의 시작을 도와주는 책

《하루 15분 책 읽어주기의 힘》, 짐 트렐리즈·신디 조지스 글, 이문영 옮김, 북라인.
《내 아이를 위한 감정코칭》, 조벽·최성애·존 가트맨 글, 해냄.
《마주이야기, 아이는 들어주는 만큼 자란다》, 박문희 글, 보리.

가족 독서의 지속을 도와주는 책

《그림책의 이해》, 김세희·현은자 글, 사계절.
《그림책, 한국의 작가들》, 김지은·이상희·최현미·한미화 글, 시공주니어.
《옛이야기 들려주기》, 서정오 글, 보리.
《아이를 읽는다는 것》, 한미화 글, 어크로스.
《성장을 위한 책 읽기》, 안광복 글, ㈜학교도서관저널.

전작 읽기를 도와주는 책

《천재 이야기꾼 로알드 달》, 도널드 스터록 글, 지혜연 옮김, 다산기획.

《아스트리드 린드그렌》, 마렌 고트샬크 글, 이명아 옮김, 여유당.

온 가족이 함께 읽으면 좋은 책

그림책

• 맛있는 그림책

《고구마구마》, 사이다 글·그림, 반달.

《고구마유》, 사이다 글·그림, 반달.

《이게 정말 사과일까?》, 요시타케 신스케 글·그림, 고향옥 옮김, 주니어김영사.

《알사탕》, 백희나 글·그림, 책읽는곰.

《아빠와 피자놀이》, 윌리엄 스타이그 글·그림, 김경미 옮김, 비룡소.

《손 큰 할머니의 만두 만들기》, 채인선 글, 이억배 그림, 재미마주.

• 감정 그림책

《우리는 언제나 다시 만나》, 윤여림 글, 안녕달 그림, 위즈덤하우스.

《내 동생 싸게 팔아요》, 임정자 글, 김영수 그림, 미래엔아이세움.

《나는 둘째입니다》, 정윤정 글·그림, 시공주니어.

《엄마는 회사에서 내 생각 해?》, 김영진 글·그림, 길벗어린이.

《아빠는 회사에서 내 생각 해?》, 김영진 글·그림, 길벗어린이.

• 가족 그림책

《즐거운 우리 집》, 사라 오리어리 글, 친 렝 그림, 신지호 옮김, 푸른숲주니어.

《나도 가족일까?》, 다비드 칼리 글, 마르코 소마 그림, 김경연 옮김, 풀빛.

오늘, 가족 독서를 시작합니다

《너는 기적이야》, 최숙희 글·그림, 책읽는곰.

《언제까지나 너를 사랑해》, 로버트 먼치 글, 안토니 루이스 그림, 김숙 옮김, 북
뱅크.

《엄마 마중》, 이태준 글, 김동성 그림, 보림.

《아빠, 잘 있어요?》, 하세가와 요시후미 글·그림, 고향옥 옮김, 천개의바람.

《리디아의 정원》, 사라 스튜어트 글, 데이비드 스몰 그림, 이복희 옮김, 시공주
니어.

• 우정 그림책

《나》, 다니카와 슌타로 글, 초 신타 그림, 엄혜숙 옮김, 한림출판사.

《너》, 다니카와 슌타로 글, 초 신타 그림, 엄혜숙 옮김, 한림출판사.

《시소》, 고정순 글·그림, 길벗어린이.

《친구를 찾습니다》, 사쿠라 토모코 글, 이모토 요코 그림, 이정원 옮김, 문학동네.

《안녕, 펭귄?》, 폴리 던바 글·그림, 노은정 옮김, 비룡소.

《친구는 좋아!》, 크리스 라쉬카 글·그림, 이상희 옮김, 다산기획.

《친구의 전설》, 이지은 글·그림, 웅진주니어.

《친구에게》, 김윤정 글·그림, 국민서관.

《모모와 토토》, 김슬기 글·그림, 보림.

《가만히 들어주었어》, 코리 도어펠드 글·그림, 신혜은 옮김, 북뱅크.

《곰씨의 의자》, 노인경 글·그림, 문학동네.

《새로운 친구가 필요해!》, 아델하이트 다히메네 글, 하이데 슈퇴링거 그림, 유혜
자 옮김, 미래아이.

• 성장과 공존 그림책

《사라의 언덕》, 대니 파커 글, 매트 오틀리 그림, 김은하 옮김, 찰리북.

《이까짓 게!》, 박현주 글·그림, 이야기꽃.

《난 자신 있어요!》, 백수빈 글·그림, 노란돼지.

《수영 팬티》, 샤를로트 문드리크 글, 올리비에 탈레크 그림, 김영신 옮김, 한울림.

《세상에서 가장 용감한 소녀》, 매튜 코델 글·그림, 비룡소.

《나는 죽음이에요》, 엘리자베스 헬란 라슨 글, 마린 슈나이더 그림, 정미경 옮김, 마루벌.

《철사 코끼리》, 고정순 글·그림, 만만한책방.

《오소리의 이별 선물》, 수잔 발리 글·그림, 신형건 옮김, 보물창고.

《삶》, 신시아 라일런트 글, 브랜던 웬젤 그림, 이순영 옮김, 북극곰.

《100만 번 산 고양이》, 사노 요코 글·그림, 김난주 옮김, 비룡소.

옛이야기

《옛이야기 보따리》, 서정오 글, 보리.

《호랑이 뱃속 구경》, 김해원 글, 김세현 그림, 웅진씽크하우스.

《호랑이 뱃속 구경》, 서정오 글, 강우근 그림, 보리.

《아기장수 우투리》, 서정오 글, 이우경 그림, 보리.

《김수한무 거북이와 두루미 삼천갑자 동방삭》, 소중애 글, 이승현 그림, 비룡소.

《선녀와 나무꾼》, 이경혜 글, 박철민 그림, 시공주니어.

《우렁이 각시》, 소중애 글, 송혜선 그림, 비룡소.

《심청전》, 장철문 글, 윤정주 그림, 창비.

'옛이야기 보따리'(보급판), 서정오 글, 김성민 외 그림, 보리.

한국 어린이문학

《만년샤쓰》, 방정환 글, 김세현 그림, 길벗어린이.

《동생을 찾으러》, 방정환 글, 임수진 그림, 보물창고.

《칠칠단의 비밀》, 방정환 글, 김병하 그림, 사계절.

《바위나리와 아기별》, 마해송 글, 정유정 그림, 길벗어린이.

《토끼와 원숭이》, 마해송 글, 김용철 그림, 여유당.

《엄마 마중》, 이태준 글, 김동성 그림, 보림.

《나비를 잡는 아버지》, 현덕 글, 김환영 그림, 길벗어린이.

오늘, 가족 독서를 시작합니다

《강아지똥》, 권정생 글, 정승각 그림, 길벗어린이.

《몽실 언니》, 권정생 글, 이철수 그림, 창비.

《나쁜 어린이 표》, 황선미 글, 이형진 그림, 이마주.

《마당을 나온 암탉》, 황선미 글, 김환영 그림, 사계절.

《콩이네 옆집이 수상하다!》, 천효정 글, 윤정주 그림, 문학동네.

《아저씨, 진짜 변호사 맞아요?》, 천효정 글, 신지수 그림, 문학동네.

《나의 독산동》, 유은실 글, 오승민 그림, 문학과지성사.

《멀쩡한 이유정》, 유은실 글, 변영미 그림, 푸른숲주니어.

'헌터걸' 시리즈, 김혜정 글, 윤정주 그림, 사계절.

외국 어린이문학

《마틸다》, 로알드 달 글, 퀸틴 블레이크 그림, 김난령 옮김, 시공주니어.

《찰리와 초콜릿 공장》, 로알드 달 글, 퀸틴 블레이크 그림, 지혜연 옮김, 시공주니어.

《마녀를 잡아라》, 로알드 달 글, 퀸틴 블레이크 그림, 지혜연 옮김, 시공주니어.

《나의 린드그렌 선생님》, 유은실 글, 권사우 그림, 창비.

《내 이름은 삐삐 롱스타킹》, 아스트리드 린드그렌 글, 잉리드 방 니만 그림, 햇살
과나무꾼 옮김, 시공주니어.

《사자왕 형제의 모험》, 아스트리드 린드그렌 글, 일론 비클란드 그림, 김경희 옮
김, 창비.

《마법의 설탕 두 조각》, 미하엘 엔데 글, 진드라 차페크 그림, 유혜자 옮김, 한길사.

《모모》, 미하엘 엔데 글, 한미희 옮김, 비룡소.

《끝없는 이야기》, 미하엘 엔데 글, 허수경 옮김, 비룡소.

《작은 아씨들》, 루이자 메이 올콧 글, 공보경 옮김, 윌북.

'네버랜드 클래식' 시리즈, 루이스 캐럴 외 글, 손영미 외 옮김, 시공주니어.

'비룡소 클래식' 시리즈, 로버트 루이스 스티븐슨 외 글, 정영목 외 옮김, 비룡소.

'추리 천재 엉덩이 탐정' 시리즈, 트롤 글·그림, 김정화 옮김, 미래엔아이세움.

'꼬마 흡혈귀' 시리즈, 앙겔라 좀머–보덴부르크 글, 파키나미 그림, 이은주 옮김,
거북이북스.

어린이 비문학

• 우리 집 첫 비문학 책
'과학의 씨앗' 시리즈, 박정선 글, 이수지 외 그림, 비룡소.
'네버랜드 자연학교' 시리즈, 김웅서 외 글, 노준구 외 그림, 시공주니어.
'자신만만 생활책' 시리즈, 전미경 외 글, 홍기한 외 그림, 사계절.

• 국어사전·백과사전·도감
《보리 국어사전》, 토박이 사전 편찬실 편집, 윤구병 감수, 보리.
'세밀화로 그린 보리 어린이 도감' 시리즈, 전의식 외 글, 권혁도 외 그림, 보리.
'브리태니커 비주얼 사이언스' 시리즈, 브리태니커 편집부 글, 브리태니커.
'선생님도 놀란 수학(과학) 뒤집기 기본편', 한규호 외 글, 이국현 외 그림, 성우주
니어.
'앗, 시리즈', 샤르탄 포스키트 외 글, 로브 데이비스 외 그림, 김재영 외 옮김, 주
니어김영사.

• 몸과 마음의 변화를 알려주는 정보책
《소녀들을 위한 내 마음 안내서》, 로렌 리버스·초등젠더교육연구회 아웃박스 글,
안윤지 옮김, 휴머니스트.
《소녀들을 위한 내 몸 안내서》, 소냐 르네 테일러 글, 김정은 옮김, 휴머니스트.
《소년들을 위한 내 마음 안내서》, 켄 스탬퍼·초등젠더교육연구회 아웃박스 글,
김정은 옮김, 휴머니스트.
《소년들을 위한 내 몸 안내서》, 스콧 토드넘 글, 김정은 옮김, 휴머니스트.
《배려하면서도 할 말은 하는 친구가 되고 싶어》, 김시윤 글, 뜬금 그림, 파스텔하
우스.
《그래서, 동의가 뭐야?》, 저스틴 행콕 글, 푸크시아 맥커리 그림, 김정 옮김, 픽
(잇츠북).

• 기후 정의·제로 웨이스트·채식을 알려주는 정보책

《기후 위기 시대, 어린이를 위한 기후 난민 이야기》, 박선희 글, 박선하 그림, 팜파스.

《10대와 통하는 기후 정의 이야기》, 권희중·신승철 글, 철수와영희.

《어려도 지구는 우리가 구할 거야!》, 롤 커비 글, 아델리나 리리어스 그림, 심연희 옮김, 책읽는곰.

《나 좀 살려 줘! 환경과 쓰레기》, 허정림 글, 뿜작가 그림, 서울과학교사모임 감수, 지학사아르볼.

《플라스틱 : 안 사고, 다시 쓰고, 돌려 쓰고》, 김은의 글, 지문 그림, 우리학교.

《지구를 지키는 제로 웨이스트》, 카린 발조 글, 로랑 오두앵 그림, 김하나 옮김, 빨간콩.

《고기를 먹지 않는다면?》, 세라 앨턴 글, 줄리 맥래플린 그림, 천미나 옮김, 키다리.

《육식과 채식 : 고기 말고 그럼 뭘 먹으라고?》, 정윤선 글, 홍지혜 그림, 우리학교.

《선생님, 채식이 뭐예요?》, 이유미 글, 홍윤표 그림, 철수와영희.

그래픽 노블/학습 만화

《귀신 선생님과 진짜 아이들》, 남동윤 글·그림, 사계절.

《진짜 친구》, 샤넌 헤일 글, 르웬 팜 그림, 고정아 옮김, 다산기획.

《신과 함께》, 주호민 글·그림, 문학동네.

《피터 히스토리아》, 교육공동체 나다 글, 송동근 그림, 북인더갭.

'만화 나의 문화유산 답사기' 시리즈, 유홍준 원작, 이보현 글, 김형배·오승일 그림, 녹색지팡이.

'맹꽁이 서당' 시리즈, 윤승운 글·그림, 웅진주니어.

'세계 석학들이 뽑은 만화 세계대역사 50사건' 시리즈, 김태훈 외 글, 최익규 외 그림, 주니어김영사.

'NEW 서울대 선정 인문고전 60선' 시리즈, 손영운 외 글, 동방광석 외 그림, 주니어김영사.

오늘, 가족 독서를 시작합니다

1판 1쇄 발행일 2023년 10월 30일
1판 2쇄 발행일 2024년 12월 2일

지은이 김정은, 유형선

발행인 김학원
발행처 (주)휴머니스트출판그룹
출판등록 제313-2007-000007호(2007년 1월 5일)
주소 (03991) 서울시 마포구 동교로23길 76(연남동)
전화 02-335-4422 **팩스** 02-334-3427
저자·독자 서비스 humanist@humanistbooks.com
홈페이지 www.humanistbooks.com
유튜브 youtube.com/user/humanistma **포스트** post.naver.com/hmcv
페이스북 facebook.com/hmcv2001 **인스타그램** @humanist_insta

편집주간 황서현 **편집** 윤소빈 김선경 **디자인** 박인규
조판 아틀리에 **용지** 화인페이퍼 **인쇄·제본** 정민문화사

ISBN 979-11-7087-065-4 03370